2019年度广东开放大学（广东远程开放教育科研基金）重点项目（YJ1914）

不变的共同体思维，变化的战略路径选择
从自我超越到组织转型升级的管理体系

QUANTUM
PERFORMANCE MANAGEMENT

量子绩效管理

战略实施与组织评估系统

谢 晖 程红斌 著

SPM
南方出版传媒
广东经济出版社
·广州·

图书在版编目（CIP）数据

量子绩效管理：战略实施与组织评估系统 / 谢晖，程红斌著. —广州：广东经济出版社，2021. 6
ISBN 978-7-5454-7739-9

Ⅰ. ①量… Ⅱ. ①谢…②程… Ⅲ. ①企业绩效—企业管理—案例—中国 Ⅳ. ①F279.23

中国版本图书馆CIP数据核字（2021）第071599号

责任编辑：刘亚平　林跃藩
责任校对：刘紫娟
责任技编：陆俊帆

量子绩效管理：战略实施与组织评估系统
LIANGZI JIXIAO GUANLI：ZHANLÜE SHISHI YU ZUZHI PINGGU XITONG

出版人	李　鹏
出　版 发　行	广东经济出版社（广州市环市东路水荫路11号11～12楼）
经　销	全国新华书店
印　刷	广东虎彩云印刷有限公司 （东莞市虎门镇黄村社区厚虎路20号C幢一楼）
开　本	787毫米×1092毫米　1/16
印　张	16
字　数	197千字
版　次	2021年6月第1版
印　次	2021年6月第1次
书　号	ISBN 978-7-5454-7739-9
定　价	60. 00元

图书营销中心地址：广州市环市东路水荫路11号11楼
电话：（020）87393830　邮政编码：510075
如发现印装质量问题，影响阅读，请与本社联系
广东经济出版社常年法律顾问：胡志海律师

前 言

PREFACE

绩效管理的量子性

一、本书的缘起

个人和组织是如何取得成功的？成功的要素是什么？我们如何对自己的人生管理和组织运营进行有效的管控和评估？人类社会是如何发展并不断进步的？这些都是值得我们思考的问题。我们有幸出生在信息爆炸的网络时代，比前辈学者们拥有更多搜罗资讯的渠道和创作工具，可以更加广泛、深入地学习和研究古今中外各类组织实践案例，分析那些在这一领域取得卓越成绩的人取得成功的过程及决定要素，同时可以共享并在前人的理论和实践成果的基础上将其发扬光大。

自2009年起，我们一直把个人、团队和组织作为重点研究对象，在各类资讯中寻找上述问题的答案，涉及范围十分广泛，涵盖个人、家庭组织、企业单位、社团组织、城市管理部门、区域国家和国际组织等国内外各类组织的运营管理体系等。我们探寻个人与组织事业成功的要素和秘诀，各类社会组织治理和发展的内在运营机制，以及这些组织是否存在运营的共同特性和相同的核心要素。

我们先后承接多个行政管理部门志书的编写项目，对一些城市的地理环境、建置、区划、人口、政治、城乡建设与基础设施、经济、文化、社会、人物等内容进行整理，全面了解城市各行业发展脉络、历史经验和运营管理特色。我们先后担任多家企业的负责人、企业组织的战略顾问，并有机会参与商（协）会等社团组织的评估工作。从实务界到理论界，从微观层面到宏观层面，从企业组织运营到区域城市治理，我们积累了丰富的组织发展经验和运营理念。

2012年初，我们尝试用“思维导图”将各类组织运营过程的关键要素及相关管理理论进行归类整理，注意到员工、产品、客户和财务四个核心维度，而这四个核心维度是所有组织运营的核心要素，我们分析这四个核心维度之间的组合关系，初步形成了一个既相互对应又彼此关联的运营平面框架体系和人物组织运营理论。为了便于东方语言文化与西方语言文化相互理解和沟通，我们联想到计算机编程语言二进制，将阴与阳“二元”均衡关系称为“0”与“1”的关系，并将该理论命名为“01人物组织运营理论”和“01战略运营框架体系”。在随后的几年，通过利用此理论和框架体系，我们比较、分解和研究现有的各类思想、理论、管理技法和工具，并参与指导个别组织的创立和实践。该理论和框架体系的完善工作一直没有间断，逐步发展为4个维度、3个层级的指标考核体系。

2018年，我们参加“中国会计学会管理会计专业委员会2018 年学术年会”，将研究成果归纳总结，选择了组织的“绩效管理”专题方向，因用“01”难以理解新时代背景下组织的多变特性，所以，我们尝试用“量子时代”的量子特性来研究组织行为，并用“量子”来命名，就此产生了“量子绩效管理”的概念。

绩效管理，以评价作为工具，主要作用为评判和导向。对“绩效”二字的解释：“绩”是指业绩，主要是可以量化的财务指标，着眼于过去，有确实性；“效”多指效果或影响，是较难量化的“定性特征”或非财务指标，聚焦于未来和多方利益。“绩”与“效”，具有量子管理特性。因此，组织未来发展战略的实施和绩效的评估影响因素，变得个性化、多样化、虚拟化、量子化，就像“量子”一样始终处于稳定与不稳定、可预测与不可预测的均衡状态。基于文化的绩效管理“量子”特性应该引起足够的重视。

随着全球化、网络化、智能化、虚拟化时代的来临，包括企业在内的新时代各类组织面临的运营环境发生了重大变化，组织变得更加透明化、人性化；新时代组织平台层级关系比较简单，组织结构变得扁平化，边界更加模糊，而绩效成果展现出不确定性、不稳定性，甚至出现不可预测的跳跃性爆发增长或突发性经营事故，预算管理和运营结果均难以管控。也就是说，组织未来发展战略的实施和绩效结果充满了“变数”，组织领导者不能维持“常态”运营思维。新时代孕育着新思维、新概念，这类组织处于不稳定、不可预测的状态，显示的就是“量子”特性，因此被称为量子组织。对这类组织的管控，必须考虑更加复杂的、影响组织稳定性的、不可控的变量因素，我们在初定的四个组织运营主体要素的基础上，适当调整维度，增加了战略、结果、过程和文化这四个与组织特性有关的过程和结果要素，构建了“量子组织管理框架图和绩效考核体系”，并将研究成果以《新时代：基于文化基因的量子绩效管理模式》论文形式发表于“中国会计学会管理会计专业委员会 2018 年学术年会”电子期刊上。

在随后的研究中，我们又收获颇多。我们发现该理论体系涵盖“卓越绩效管理”“平衡计分卡”和“战略管理系统理论”，能从科学理论重新解析、归纳东方易经思维体系，各维度关系符合自然属性和社会属性双重性并对应“辩证唯物和唯心主义”互补关系。于是，我们积极申报广东省远程开放教育科研基金项目，所申报的“新时代背景下量子绩效管理模式研究”获得2019年课题立项。

二、本书的转折

2020年10月16日，中共中央政治局就“量子科技研究和应用前景”举行了第二十四次集体学习。这是量子科技第一次在公开层面进入国家最高决策层的关注视野。量子力学是人类百年来探究微观世界的重大成果。自然科学进步是推动人类社会发展的原动力。回顾人类社会的文明发展历程，每次时代的变迁都带有明显的科学进步烙印，伴随着科技的应用推广，进而带动产业经济发展，与之相适应的社会治理同样发生变革。于是，我们重新调整编目，增加了经典科学和量子科学时期社会历史发展的比较研究内容。

西方的主流经济学经历了从古典经济学、新古典经济学到复杂性科学经济研究的发展过程，而管理学的发展则经历了理论形成、现代管理理论到后现代管理理论等几个阶段。我们做过一个简单的梳理，绩效管理理论的发展主要分为机械（经典）绩效管理、战略绩效管理和量子绩效管理三大阶段。具体而言，包含有管理学开始形成、经济管理理论框架形成、博弈经济与系统管理思维、战略管理合作与复杂性科学和管理理论丛林、量子绩效管理等5个阶段。具体5个阶段的发展脉络如下：

19世纪到20世纪初是人类社会发展的巨大变革时期，能量守恒和转化定律、细胞学说和进化论等三大发现，促进了自然科学的蓬勃发展，不断揭示出自然过程的辩证性质，并促成马克思主义的诞生。马克思主义第一次归纳和揭示了人类社会发展的基本规律，深刻改变了人类历史的发展进程。人类的物质文明发展在前，社会文明发展相对滞后。这一时期，管理学开始逐步形成，以劳动价值理论为核心的古典经济学在穆勒和萨伊那里得到新的发展。

20世纪初到40年代，电力的发展促使工艺流程和效率管理出现，诞生了科学管理之父泰勒、管理理论之父法约尔以及组织理论之父马克斯·韦伯。这一时期，人与人之间为线性链接，经济管理理论关注的是人的行为对产品结果的影响和对人的管控。因数学、量子力学及工程学有了巨大的进步，物理学界正朝着融合量子力学和相对论的“大统一”理论迈进，经济学界也从总量上分析经济均衡的古典经济学过渡到新古典经济学的边际分析，形成微观经济学和宏观经济学的基本理论框架，系统性思维发展源自张伯伦革命、凯恩斯革命和理性预期革命三次大的革命性变革。但数理模型依然继承的是牛顿三大定律的分析科学传统。

20世纪50年代到70年代，基于冯·诺伊曼存储程序和二进制编码等设计，人类发明了电子计算机，这意味着信息时代的来临，量子科学成果开始大量出现，开启了第一次量子革命，信息时代的技术和产业规模呈爆发性增长态势，人类的财富、人口数量不断增长，人员素质不断提高，城市规模迅速扩大，各类企业组织数量大幅攀升。此时，市场竞争加剧，博弈论系统应用于经济领域，代表人物为冯·诺伊曼和摩根斯特恩。人与人之间加强了信息沟通，有了系统思维，主要实现了两个管理转变：从事物的管理转移到人际关系、个人行为与组织关系的目标管理上；从监督管理转变到人性化和系统化管理，既考虑客户的质量需求，也顾及员工的感受。在此期间，依然运用的是“机械（经典）绩效管理”理论。

20世纪80年代至20世纪末，集成电路促进了个人计算机的诞生和普及，人类进入信息化、网络化、知识化、国际化时代，国际市场进一步融合，竞争日益加剧。法国哲学家埃德加·莫兰提出“中心化统一体”的“复杂性方法”，核心思想是“来自噪声的有序”原则。至此，经济学对组织的管控经历“管控—系统—超级系统—复杂”阶段，从新古典经济学到凯恩斯主义经济学、新古典宏观经济学和新凯恩斯主义经济学，形成主流经济学丛林，并与复杂性科学研究密不可分，经济学进入复杂的混沌时代。管理学同样面临一次巨大变革，80年代实施大规模的企业重组和全面质量管理革命，推出ISO国际质量管理体系标准；90年代知识经济时代来临，个体的知识信息量大增，管理学从对系统整体和经验能力结合的战略博弈研究过渡到重视创新与企业家精神、重视人的心理因素、重视文化等战略合作。与此同时，管理界开始质疑传统管理学的“分工理论”，知识型、科技型和创新型人才的绩效成果和职能方向均难确定，现代经济学与管理学面临如何重构并进一步变革的问题，形成“复杂性科学和管理理论”丛林。

21世纪初至今为第5个阶段。2001年，中国加入世界贸易组织（WTO），全面与世界主要经济体接轨和合作，无疑对产业经济及管理产生深远影响。2008年全球金融危机以来，人们开始反思西方主流经济学管理理论，并日益关注中国的改革开放和中国特色社会主义道路的成功。然而，社会经济和管理界依然处于“复杂性科学和管理理论”丛林。2012年，中国提出“人类命运共同体”理念。作为一种超越民族、国家和意识形态的“全球观”，“构建人类命运共同体”理念自提出到被写入联合国决议，获得了广泛的国际认同。2014年，世界主要经济体开始关注可调控的第二次量子革命，并提出开启第四次产业革命的策略。2020年，新冠肺炎疫情等突发事件导致世界经济下滑，世界各国和区域组织开始积极反思追求个体自由的价值观。扶持超9000万农村贫困人口全部脱贫，中国脱贫攻坚大大加速了世界减贫事业发展，世界的目光再次聚焦实施经济改革开放的中国所取得的令人震惊的成就；中国在抗疫进程中一直高度重视国际合作，自抗疫一开始就没有孤军作战，在国际友邦的支持下，带领14亿多人民团结协作，取得抗疫的阶段性胜利，为全球合作抗疫贡献中国力量、做出中国贡献。中国所取得的这一次次社会经济发展奇迹，预示着背后存在一种符合社会运行规律的治理法则。

本书对经典科学和量子科学的应用理论研究，无疑是我们从自然科学理论源头探讨社会经济管理理论和范式变革的途径之一。

三、本书的结构和理论创新

建立和发展适应当代企业组织发展的管理理论，无疑是一项具有重大现实意义的挑战。爱因斯坦说过，发明创新理论有两种方法：一种方法是通过对无法解释的新现象进行逻辑的理解过程，把未知现象变成一些我们早已知道或显而易见的东西，自然就创造出新理论；另外一种方法是尽力去统一和简化各种物理理论中最本质的东西，使其成为一个统一的整体。前期研究中，我们是利用第二种方法，经过一系列的调研分析，获得基于不同组织的量子绩效管理的统一框架和考核体系。然而，这种量子绩效管理模式，依然是基于前人管理应用理论的范畴，对各维度进行整体性调整并构建统一体，并没有从文化内涵上发生根本性、基础性改变。因此，我们尝试交互使用以上两种发明创新理论的研究方法。

通过这两种研究方法的交互结合，一方面可以寻找组织运营管理的最底层思维的根源，这样才不会轻易地被日新月异的组织实践案例迷惑，也才能在纷繁复杂而又多变的环境及组织相互关联影响的因素中，找到人员、技术及组织运营的本质及核心要素，重构新时代下的量子思维、理论及管理体系。另一方面，将各种各样的系统（理）论进行统一业已成为重大的科学问题和哲学问题。为了弥合知识的分裂，追求科学的统一，我们尝试朝着建立统一的科学体系的目标迈进，希望能走出"复杂性科学和管理理论"丛林。

要建立一个新的绩效管理体系，就只能推倒现有的一切，回到原点，从根上开始，从基础科学开始。人类对整个世界形成总的看法和根本观点，并用之解释现象，就形成了世界观；人类形成观点，并用之解决问题，就有了方法论。哲学就是世界观和方法论的统一，而哲学源于对物理学等自然科学所揭示的物质运动规律的思考，我们沿着"物理学—哲学—科学技术—经济学—社会管理学"思路变迁的基本路线，系统地找寻世界观和方法论的转折、变革、分合和统一的途径，为量子时代的管理思维和理论的变革提供思路，试图将社会经济和管理学重建于自然科学、哲学及系统科学的逻辑演绎基础之上。

本书分为四篇，共十章。第一篇是"量子科学与量子哲学导论"。围绕人类存在与发展的哲学问题，试着从自然科学、社会经济和文化思维三个方面重新梳理人类思维的主要发展历程，验证了人类管理思维的变革滞后于经济发展，由经典科学的确定性思维上升到量子科学的不确定性思维；随后，我们对经典和量子这两类思维进行新的哲学统一诠释，创新提出了个体与集体兼顾的"量子共同体"概念和理论及其三个基本特征。在此理论基础上，建立了量子思维的"三论"和"三观"和涵盖"三大规律”的二元互补方法论，形成了量子哲学体系。结合应用新的量子哲学，创新提出了粒子个体量化思维与集体量子思维，重新诠释了当今量子科学存在的两个基本问题，并尝试融合量子论和相对论；提出“量子经济学”概念，进一步诠释了量子文化与量子文明，并希望建立东方与西方融合的集体与个体、量子与量化的共同体思维和共同体经济发展范式。

第二篇是“构建量子绩效管理范式”。基于量子哲学体系的元范式和社会实践，提出了量子共同体环境、量子领导、量子全息人和自组织等概念，并诠释了四者的共同体关系，衍生出量子组织管理的三大管理理念和领导三力模型，形成量子共同体组织的核心价值观；通过量子比特信息规律，定义了新的要素价值论，构建量子绩效管理范式及与其相对应的全息图框架模型。在此基础上，设立测评的维度目标和绩效考核指标体系。

第三篇是“量子绩效管理与衡量”。基于量子绩效管理范式，首先，创新提出了超越竞争的量子竞争和合战略管理理论、量子能力（赋能）理论，实施战略定位、组织设计和能力导向，以创建组织战略驱动系统。其次，进一步分立创设和运营自组织与集群共同体平台，建立客户与员工价值、创新与工匠精神的均衡文化，培育量子全息人、主管和协调者。再次，构建分权激励与交互反馈的协同赋能和自适应生态循环运营体系。最后，编制量子绩效管理范式全息图，实施分级和量子绩效考核，并通过开展过程和结果测评来评估组织成熟度和能级，同时为构建共同体型量子组织提出改进和提升方案。

第四篇是“量子绩效管理范式的兼容并包”。量子绩效管理范式基于量子科学和哲学，具备兼容并包的精神，既可以对主流的战略系统、组织运营与绩效管理等理论丛林进行统一解释，亦可用于分析和解决如“沙县小吃”等家庭作坊式经营个体、深圳经济特区以及华为公司等共同体组织发展运营的现实问题，带来一股基于量子科学的共同体思维清流。

四、本书的应用

回顾研究的历程，企业组织领导者在面对日益加快的变革、繁杂的理论模式和多变的新型组织典范时，往往感到力不从心、迷失和痛苦。全球化、网络化时代来临后，组织更加开放，而个体的人更加自由，选择更多了，人类追求资本和物质的欲望也越来越多，这一切给人们的生活造成压力，并造成许多意想不到的环境灾害、经济能源危机和社会群体迷茫。人类想通过不断提升科技水平和管理能力来解决这一切问题。然而，100多年来，人类科技的发展和“复杂性科学和管理理论”丛林的诞生，反而加剧了环境的恶化和社会经济的动荡。问题出在哪里？

物理学家玻姆说：“世界上所有的问题都是思维问题。任何组织问题的出现，不是因为缺乏战略和系统分析，真正缺乏的是从深度、底层、根源、思想等角度系统地解决问题。”120年来，量子科学的发展带动社会经济高速发展，而企业组织治理和发展思维依然保留部分经典科学基础的思维习惯和管理文化，思想家、管理学者对量子特性依然充满好奇、疑惑，且依然毫无头绪，而专心寻求量子科技突破的科学家则无暇顾及人文思想，在企业组织管理、教学和科研体系中，依然存在哲学与科学的疏离、资本利益与精神文化的矛盾、个体行为和集体协同的冲突等现象。人们已经习惯了追求资本利益、依靠竞争博弈和重视个体输赢结果，而对即将到来的融合精神文化价值、构建和谐合作关联与关注全息赋能过程无所适从。

爱因斯坦说：“哲学可以被认为是全部科学之母。”从经典科学思维到量子科学思维，从经典经济学管理到量子经济学管理，从战略管理思维到量子共同体思维，本书量子共同体哲学体系的构建无疑开辟了另一种提升现代科学管理水平和人们生活、工作质量的思路。希望通过本书的阅读，百忙中的高层管理者能学到一些入门的科学和哲学管理知识，懂一点科学和哲学，提升管理思维的深度，在众多的感性思维中融合一些理性思维。深刻了解量子绩效管理范式，无疑将使组织管理的思想和理念发生巨大变化，希望本书能给社会经济和组织管理界带来一股共同体思维清流。

世界在变，而规则没有变。本书阐述的量子组织和自组织是新的运营模式吗？答案是否定的。共同体模式、量子组织和自组织的运行法则遵守自然万物发展的普遍规律，人类历史文化的整体发展就是一个共同体量子组织共同创造文明的过程，不同时代的领导者创设的组织，其寿命长短不同、发展进化途径不同，付出和贡献自然不同，而这一切的基础在于领导者的核心价值观和思维范式。因此，掌握量子绩效管理范式可以协助组织构建紧密关联、相互协同的共同体组织并测评量子组织和自组织的成熟度。通过量子自组织运营法，可以有效地整合资源、改造组织并建立与环境敏捷交互的自适应体系。

改变世界，从改变自我开始。世界卫生组织总干事谭德塞在新冠肺炎疫情通报会上说：“在一个分裂的世界里，世界面临的最大威胁不是病毒本身，而是缺乏全球团结和全球领导。”本书始终信仰的是：不强调对立博弈而讲求自我竞争、自我超越，不妄想个体独行而依靠集体协作，构建共同体。本书的量子绩效管理范式体系，为培育量子全息人才和领导者提供创新规范、全息立体的思维框架。21世纪，面对第二次量子科技革命，现代科学体系走向大综合体系，需要从历史深度和前沿广度出发培养全息科研人才，企业组织需要量子领导者和量子全息人，社会需要集体协同合作与个体创新突破兼顾的共同体型量子组织。

本书基本阐述了共同体型量子组织的运营过程，对各类组织具有十分深远的指导意义，对于当下的企业组织领导者、管理者和社会工作者以及理论研究者都有很强的参考价值。感谢网络时代给我们带来的资讯，感谢许多企业组织领导者所奉献的个性化经验，而面对古今中外思想家与哲学家的无数传世学说以及各位管理学大师经过实证的理论专著，我们都非常敬重并力求兼容并蓄。本书在写作过程中得到林斌、廖皓炜、蓝汉昌、叶锦福、陈勇、欧阳安、伍锡龙、刘林、程新道、刘汉林、程文彬、吴德寿、程思垚等友人和家人的帮助，在此一一致谢。

虽然我们已竭尽所能把本书写得详尽和通俗，剔除数学公式，从哲学层面进行诠释，并提炼出管理理论和物理模型，但本书只能算是一个提纲挈领的集成和归纳，许多思维理论无法一一展开。量子理论的深奥难懂在于量子的整体性、不确定性和涌现性，尤其是本书从自然科学到哲学思维、从技术产业到社会管理、从东方文明到西方文明并贯穿多个学科的历史沿革，其难度、深度和多学科交叉的广度很难想象。我们也深知绩效管理的量子性，涉及的量子共同体理论、二元互补方法以及绩效管理理论会有很多不足和错漏之处，希望各位读者多多批评指正。

谢　晖　程红斌

2021年2月28日

目 录

CONTENTS

第一篇 量子科学与量子哲学导论

第一章 迎接量子时代 / 3

第一节 科技革命：从经典科技到量子科技 / 3

第二节 宏观及微观管理的变化趋势 / 10

第三节 不确定性的时代，世界治理和发展思维要变 / 21

第二章 思想变革：量子特性与量子哲学 / 34

第一节 量子特性与哲学诠释 / 35

第二节 世界观：量子共同体思维的“三论”和“三观” / 47

第三节 方法论：量子二元互补哲学的三大规律 / 57

第三章 量子哲学与科学实践 / 71

第一节 量子源泉：科学存在和哲学思维的未来 / 71

第二节 量子科学、量子经济学、东方经济学 / 80

第三节 量子文明：东方文明与西方文明的交汇 / 85

第二篇 构建量子绩效管理范式

第四章 量子文化：环境、领导与核心价值观 / 97

第一节 环境交互：从自然环境到人文环境 / 97

第二节 领导三力：从量子人到量子领导者 / 102

第三节 量子组织：核心价值观 / 113

第五章 量子绩效管理范式 / 117

第一节 量子比特：量子绩效管理范式与全息图 / 118

第二节 量子测评：组织绩效管理测评和绩效考核 / 128

第三节 量子绩效管理范式的共同体思维 / 136

第三篇　量子绩效管理与衡量

第六章　量子组织战略驱动系统 / 145

第一节 变与不变：不变的文化灯塔，变化的战略路径 / 146

第二节 战略管理思想：量子竞争和合管理 / 154

第三节 组织设计：定力与能力，统一与关联 / 158

第七章　量子组织运营与协同赋能 / 166

第一节　平台运营：从分立自组织到集群共同体 / 166

第二节　文化运营：从客户中心到文化中心 / 173

第三节　战略运营：上至下分权激励，下至上交互反馈 / 181

第八章　量子绩效测评：量子过程与量化结果集成 / 191

第一节　量子过程测评 / 192

第二节　量化结果测评 / 198

第三节　自我测评：量子领导者和量子组织之路 / 201

第四篇　量子绩效管理范式的兼容并包

第九章　管理集成：从战略系统到赋能过程与绩效管理 / 209

第一节　量子竞争和合理论与战略管理理论丛林 / 210

第二节　量子能力（赋能）理论与经典能力理论 / 215

第三节　量子绩效测评与经典的绩效管理 / 219

第四节　化繁为简：管理理论丛林统一 / 223

第十章　组织融合：从家庭作坊到经济共同体 / 228

第一节　小行业大运作：沙县小吃集群发展 / 228

第二节　华为与深圳：经济共同体的践行者 / 232

参考文献 / 238

第一篇

量子科学与量子哲学导论

第一章　迎接量子时代

量子时代，企业组织所处的内外环境多变、不稳定和复杂因果相关联，这些无疑都影响着组织的绩效管理，人们需要适应量子时代的绩效管理新模式。在量子时代，面对开放的社会、复杂的环境、人员的不稳定，改变思维才能变革一切。管理思维、管理学理论和体系又将面临怎样的变革?

第一节　科技革命：从经典科技到量子科技

物理学等自然科学的进步是推动人类社会发展的原动力。人类社会的文明发展历程与科技进步息息相关。所以，我们得借用质性研究的思考方式，也就是用物理学的角度看待世界；同样，要了解不同的管理模式变革，得先理解其所处的环境和科学时代背景。

一、从宏观经典科技到微观量子科技

在漫长的自然科学发展史上，中国四大发明的出现并传入欧洲，无疑推动了欧洲社会的文明进程，并促进了欧洲近代科技发展，而西方的近代自然科学发展，曾面临三次严重的挑战，并由此带来三次重大突破——从“地心说”到“日心说”，从“机械自然观”到“星云假说”，从“原子论”到“量子力学”。

1.“日心说”颠覆“地心说”

2世纪到16世纪末，在西方人的世界观里，地球是天体世界的中心，而托勒密基于“地心说”的假设，提出了一套解释大多天体现象的宇宙模型。东方的“天人合一”宇宙观，西方人无法理解，但中国的四大发明陆续传入欧洲，对整个欧洲物质基础、文明建设和精神文明的发展起到了推动作用。14世纪，自意大利兴起的文艺复兴蓬勃开展，极大地解放了人们的思想，同时也推动了近代自然科学的产生。1543年，波兰天文学家哥白尼出版《天体运行论》，主张太阳才是宇宙的中心，地球等行星都围绕着太阳转。1687年，牛顿出版了《自然哲学的数学原理》一书，系统论述了牛顿力学三定律和万有引力定律。牛顿宣称：三大定律适用于宇宙中的任何东西，从正在下落的苹果至恒星和行星的运行。这些定律构成一个统一的体系，把地球表面的物体运动规律和宇宙天空的天体运动规律统一概括在一个理论之中。这是人类认识史上第一次对自然规律的理论性的概括和综合，基本扭转了人们的“地心说”观念，开启了一个全新的宇宙观。

2.“星云假说”冲击“机械自然观”

机械自然观，就是人们把事物看成彼此无关的、固定不变的东西进行研究，无法回答自然界的一切从何而来的问题，只能用“来自神的创造力”来解释，认为天体是由“以太”组成的纯洁、完美、永恒的物体，自然科学又回到了神学之中。17世纪开展的启蒙运动，“理性崇拜”是其核心思想，强调人的重要性，认为人非工具人，应该自己独立思考，力图以经验加理性思考而使知识系统独立于宗教的影响，作为建立道德、美学以及思想体系的方式。1755年，德国著名哲学家康德出版了《宇宙发展史概论》一书，康德认为，太阳系以及一切恒星都是由原始星云在引力和斥力的作用下逐渐聚集而成的。宇宙中的万事万物有生有死，而发展是永无止境的。康德的“星云假说”有力地冲击了形而上学的机械自然观。1846年，人类根据已有的理论，并利用物理和数学预测的方式准确地发现了海王星的位置，可以说，这是人类宏观世界科学的一次伟大胜利。恩格斯在1875年为《自然辩证法》写的导言中，评价康德的“星云假说”：“包含着一切继续前进的起点”。历经近一个世纪，直到19世纪才迎来科学时代的来临，自然科学有了一系列重大发现，出现了道尔顿的原子论、阿伏伽德罗的分子学说、门捷列夫的元素周期律等，自然科学蓬勃发展，不断揭示出自然过程的辩证性质。其中，能量守恒和转化定律、细胞学说和进化论，被恩格斯称为自然科学中彻底动摇了形而上学自然观的三大发现。1865年后，麦克斯韦把电、磁、光统一了起来，这是继牛顿力学以后又一次对自然规律的理论性概括和综合。19世纪末，力学、热学和电磁学，构成了立足于原子论的整座物理学“大厦”。人们开启了从“极大”（宏观宇宙天体和物体运动）到“极小”（微观原子和分子等基本粒子）的理论研究。

3.“量子力学”重构“现代物理学”

人们陶醉于“尽善尽美”的经典物理学“大厦”：在牛顿力学的“地基”上解释一切物理学问题，而把解释不了的电磁现象，虚构为天体物质在“以太”中的机械运动，整个物理世界都始于绝对不可分的原子和绝对静止的“以太”这两种物质，科学发展似乎达到顶峰。19世纪末，德国物理学家伦琴发现了一种能穿透金属板使底片感光的X射线。不久，贝克勒尔发现了放射性现象，人们发现旧有的经典理论无法解释微观系统。1897年，汤姆生发现了电子，原子绝对不可分的传统观念被打破，元素放射性和电子的发现，打开了原子的大门，并已深入原子的内部，为量子论的创立奠定了基础。量子论是反映微观粒子结构及其运动规律的科学，而量子力学是从1900年到1928年，历经近30年的不断完善，先后由50多位科学家共同创立的。比如：普朗克的量子论，提出能量并非无限可分、能量的变化是不连续的的新观念；爱因斯坦的光量子论，揭示了光的“波粒二象性”；玻尔把量子化概念引进原子结构理论；德布罗意的物质波理论；海森伯和薛定谔分别建立矩阵力学和波动力学；狄拉克提出电磁场中相对论性电子运动方程和最初形式的量子场论；等等。这些理论最终构建了包括矩阵力学和波动力学在内的量子力学。1905—1915年，爱因斯坦将力学和电磁学理论以及时间、空间和物质的运动联系起来，进行了一次经典物理学史上的大综合，建立了相对论。至此，量子力学和相对论成为现代物理学的两大支柱，成功地揭示了微观物质世界的基本规律，加速了原子物理学和固态物理学的发展，为核物理学和粒子物理学奠定了理论基础，同时也促进了化学键理论和分子生物学等的产生，是促成20世纪科学技术飞跃发展的理论基础。1954年，杨振宁和米尔斯创立了“杨-米尔斯理论”，发展了规范场论并完善了规范场论的物理与数学框架，构建了粒子物理学标准模型，从而统一了弱力、电磁力、强力等三种力，即除引力外的这三种力都能用杨-米尔斯理论描述。量子力学是20世纪产生科学理论最多的学科，科学家们希望实现现代物理学的目标之一——将量子力学和相对论综合成“大统一”理论。

二、科技进步与产业革命

人和动物的区别就在于人可以制造和利用工具，工具制造需要依靠科学技术，科学技术的基本载体就是先进的制造工具。人类的发展进步就是科学技术和工业制造的发展进步，工业是社会经济的发展基础。自农耕时代后，由于科学理论的发现、科学技术的广泛应用和工业制造的发展进步，生产力水平和生产效率迅速提升。人类在科学技术领域的突破，带来四次工业革命，人类大致经历了蒸汽时代的第一次工业革命、电气时代的第二次工业革命、信息时代的第三次工业革命，正在经历智能时代的第四次工业革命。

1. 蒸汽时代

18世纪60年代至19世纪中期为第一次工业革命时期。1764年，工人哈格里夫斯发明了纺纱机，纺织行业开始了一系列变革。1785年，瓦特改良的蒸汽机被用于纺织业。纺织机械技术和蒸汽机技术引起了第一次工业革命。机械化和蒸汽机的广泛应用，促使整个英国社会迅速实现了从手工劳动模式转向动力机器模式，迈进“蒸汽时代”，改变了整个生产和社会生活的面貌。蒸汽时代相比于农耕时代，从小作坊式的生产转变成了集中式的大规模生产，生产效率极大提升，工厂面临的外部竞争相对较弱。工人多数为农民，工作时间、地点和内容比较固定，以劳动时间衡量报酬，工厂现场管理设有监工。

2. 电气时代

19世纪70年代至20世纪中期为第二次工业革命时期。1867年，德国西门子公司的创始人维尔纳·西门子制成了世界上首台自励式直流发电机。1882年，美国科学家爱迪生建立了美国第一个火力发电站，把输电线连接成网络。这一时期，电力的广泛应用，推动了电力工业和电器制造业等一系列新兴工业的迅速发展。德国人的发明很多，如发电机、内燃机、柴油机、汽车等，人类社会开始跨入“电气时代”。20世纪20年代，汽车、无线电的普及加快了整个社会的生活节奏，加速了科技知识的传播和管理方法的改进，促进了标准化、流水线和合理化生产。变电网、输油管的铺设改变了工业的布局。两次世界大战中，飞机、坦克、潜艇、雷达等新式武器的出现，引起了科学政策、科研管理、教育制度、工业体制的一系列变化。新兴工业的出现，带来生产效率的进一步提升，对工人的素质、工作效率提出更高的要求。工人的工作效率相对比较容易衡量，统计工人单位时间的工作产出，并按工作成果计算报酬，工厂现场管理设有监控和质量检测。这一时期，外界的竞争程度很低，组织内部主要集中于对新技术的融合运用，借此提升生产效率并生产大量的产品，组织成功的关键在于扩大新产品的范围和有效扩大经济规模。

3. 信息时代的第一次量子革命

20世纪50年代至21世纪初为第三次工业革命时期。量子技术的发展与社会经济息息相关，催生了许多重大发明——原子弹、激光、晶体管、核磁共振、全球卫星定位、航天飞机和通信卫星等。带来这些成果的“第一次量子革命”改变了世界面貌，成为社会跨越式发展的基石和动力。1946年，美国制成第一台电子计算机，最初用于计算弹道参数。信息时代由第三次工业革命引发，主要发生地在美国。第二次世界大战后，美国通过吸引人才等措施，很快完善了钢铁、化工和电力三大技术，改进了汽车、飞机和无线电技术这三大发明。第三次工业革命是第二次世界大战后发生在科技领域的重大革命，包括原子能、电子计算机、空间技术和生物工程的发明和应用。需要说明的是，第三次工业革命爆发阶段始于20世纪70年代至80年代，硬件方面，逻辑元件采用大规模和超大规模集成电路，世界上第一台微处理器在美国硅谷诞生，开创了微型计算机的新时代；软件方面，出现了数据库管理系统、网络管理系统和面向对象语言等；理论方面，发展起以非线性数学理论为基础的复杂系统理论；而应用领域从科学计算、事务管理、过程控制逐步走向家庭，进一步引发全球性工业革命。这也是人类历史上规模最大、质量最高、涉及区域最广、影响最深远的产业革命。

4. 信息时代的第二次量子革命

近年来，量子力学正在催生变革性技术，如Wi-Fi、人工智能、发光二极管（LED）、现代医学中大量依赖量子力学的成像工具和分析方法、量子计算机等。量子信息技术方兴未艾，人类正站在下一代量子革命的门槛上。2014年，英国吹响“第二次量子革命”的号角。以“第二次量子革命”为代表的新一轮科技革命和产业变革正在全球孕育兴起。2016年，随着全球首颗量子科学实验卫星“墨子号”的成功发射，中国首次实现卫星和地面之间的量子通信。2018年，阿里巴巴和微软亚洲研究院相继刷新了斯坦福大学发起的SQuAD（Stanford Question Answering Dataset）文本理解挑战赛成绩，机器阅读理解评分首次超过了人类。这意味着机器阅读理解的能力已经开始在“指标”上超越人类。2020年12月，中国科技大学的潘建伟团队构建了一台76个光子、100个模式的量子计算机“九章”，它处理“高斯玻色取样”的速度比目前最快的超级计算机快100万亿倍。也就是说，超级计算机需要1亿年完成的任务，“九章”只需1分钟。这是一次巨大的飞跃，人类对量子世界的探索已从单纯的“探测时代”走向主动“调控时代”，将在量子计算、量子通信、量子网络、量子仿真等领域实现突破。如今，世界各类组织纷纷启动“第二次量子革命”计划，全新的量子技术正从各国的实验室走出来，一场量子产业发展的竞争全面开始，真正的量子时代即将到来。在这里，我们做出一个大胆的预测，如果我们把2014年作为第四次工业革命的元年，那么第二次量子革命和第四次工业革命的爆发年将出现在21世纪30年代。

第二节　宏观及微观管理的变化趋势

科技革命改变人类的世界观，工业革命深刻地影响了社会发展的进程，三次工业革命引起产业和社会分工管理的变革。恩格斯指出：“一切社会变迁和政治变革的终极原因……不应当到有关时代的哲学中去寻找，而应当到有关时代的经济学中去寻找。”同样，离开社会政治及经济等宏观背景来探讨社会组织的管理变革，就无法做到务实和可靠。

在三次工业革命发展历程的研究中，我们形成两种认识：其一，人类社会的治理历程不能简单地按工业革命发展途径进行归纳，管理的变革滞后于深厚的物质基础和适宜的社会教育发展环境。其二，在工业革命发展历程中，宏观层面的人类社会治理变革出现了分化，形成以中国为代表的东方特色社会管理模式和以欧美为代表的西方社会管理模式。同样，微观层面的产业组织管理，也出现了以机械为主要生产工具的工业时代、以电子通信工具为主要传输工具的信息时代、以智能网络为主要交互工具的量子时代之间的管理差异。

一、社会经济环境变革

马克思在《机器。自然力和科学的应用》中写道："火药、指南针、印刷术——这是预告资产阶级社会到来的三大发明。……而印刷术则变成了新教的工具，总的来说变成了科学复兴的手段，变成为精神发展创造必要前提的最强大的杠杆。"在人类社会经济发展史上，东方中国的三大发明等传入邻近东方的欧洲国家意大利，促进了西方的物质基础建设、资本主义国家雏形的诞生和文艺复兴的兴起，这是在近代科技发展前期东方对西方的贡献。在近代科技发展过程中，东方的中国因受到自身封闭和外来侵扰的影响，失去了两次工业革命的机遇。第三次工业革命启动时，东方的中国走上了社会主义发展道路，开启了对外开放和合作新格局，实施学习和追赶西方近代工业技术的发展策略，搭上了信息时代发展的"末班车"，东方与西方走上合作之路，并进入合作共赢的新时代。

1. 东方中国经济环境变革

中国是一个幅员辽阔、产业结构多样、经济发展不均衡的大国，经历了从传统农业社会到现代工业社会的演进过程。20世纪四五十年代，中国选择了社会主义道路。中华人民共和国成立初期，中国实施计划经济，采取配额制。50年代初期获得苏联和东欧的支持，初步建立起独立的工业体系，但远难与已经步入第三次工业革命的发达国家竞争。70年代末，中国实施改革开放政策，逐步与东南亚和西方国家开展工业技术引进和合作。90年代，中国周边国家经济的崛起，对中国的产业经济及管理影响深远，中国实施一系列举措，调整和完善所有制结构，加快产业布局，开展以产权改革为核心的新一轮改革，并积极学习、借鉴国际上先进的管理理念和经验。2001年12月，中国正式加入世界贸易组织，积极参与全球产业的分工和合作，遵守各项国际贸易规则和管理细则，产业对外开放进入一个全新的阶段。2002年，中国的国内生产总值（GDP）为1.47万亿美元，2010年为5.88万亿美元，中国一跃成为世界第二大经济体，有力地促进了世界经济的发展，并发展成混合经济体系——既有保障国家安全和民生基础的国有经济，又有增强产品多样性、国际先进性以及地方特殊性的外资、民营和合作经济。2012年后，中国进入全面深化改革开放的新时代，面临百年未有之大变局，新时代的量子革命已来临！

2. 西方经济学变革

科学发展的道路是从简单到复杂。西方经济学，也就是被运用于西方市场经济国家的经济学，是目前所称的“主流经济学”，因特别注重对市场机制的研究，又有市场经济学之称。西方的经济学发展经历了从古典经济学、新古典经济学到复杂性科学的过程。

（1）古典经济学。18世纪中叶到19世纪中叶，第一次工业革命使以机器为主的现代意义上的工厂成为现实，工厂以及公司的管理越来越重要，管理学开始逐步形成，也产生了古典经济学。古典经济学以劳动价值理论为核心，因受数学方法所限，主要从总量上分析经济的均衡，代表人物有亚当·斯密、大卫·李嘉图、穆勒、萨伊。其中，亚当·斯密在现代经济学的奠基之作《国富论》中谈到，他发现分工可以使劳动者从事某种专项操作，便于提高技术熟练程度，有利于推动生产工具的改革和技术进步，从而提出了分工理论。亚当·斯密的劳动价值论，是把分工与专业化视作经济效率之源的理论。亚当·斯密认为，国家经济的发展不应由政府干预，而应由整个社会需求进行选择，这种社会需求被认为是调节市场的“看不见的手”。该理论与经济自由主义理论对经济学的贡献堪比牛顿三定律对物理学的贡献。大卫·李嘉图是古典政治经济学的杰出代表，其代表作《政治经济学及赋税原理》在资产阶级经济学界有深远的影响。

（2）新古典经济学。19世纪70年代到20世纪初的第二次工业革命时期，产生了新古典经济学。新古典经济学摒弃了劳动价值理论，更多地采用效用价值理论，并进一步发展到均衡价值理论，因数学、量子力学和工程学有了巨大的进步，研究方法上更注重证伪主义的普遍化、假定条件的多样化、分析工具的数理化、研究领域的非经济化、案例使用的经典化、学科交叉的边缘化，分析方法也从古典经济学的总量分析过渡到新古典经济学的边际分析，形成了微观经济学和宏观经济学的基本理论框架。其中，凯恩斯的代表作为《概率论》和《就业、利息和货币通论》；马歇尔的《经济学原理》提出“均衡价格论”，试图解释市场经济的运作。但数理模型依然继承的是牛顿时代的机械论、决定论和还原论的分析科学传统。

（3）复杂性科学（Complexity Science）。20世纪40年代至今，被统称为复杂经济学时期。20世纪40年代，冯·诺伊曼和摩根斯特恩将二人博弈推广到n人博弈结构并将博弈论系统应用于经济领域，以及冯·诺伊曼采用存储程序和二进制编码等设计，促进了世界上第一台电子计算机ENIAC

（电子数字积分计算机）的发明，从而开启了以电子计算机为代表的信息时代。复杂经济学与复杂性科学密不可分。复杂性科学兴起于20世纪80年代，是系统科学发展的新阶段，也是当代科学发展的前沿领域之一。贝塔朗菲从批判“还原论”出发提出“系统论思想”；薛定谔1944年出版的《生命是什么》，指出生命的特征必须兼顾稳定性和变异性，为此提出亚稳态、非周期性晶体、负熵和遗传密码的大分子结构；法国哲学家埃德加·莫兰提出“中心化统一体”并于1973年在《迷失的范式：人性研究》一书中正式提出“复杂性方法”，其思想的核心是“来自噪声的有序”原则；1978年美国学者米勒在生物学基础上，经过多年的研究，通过对信息论、控制论、系统论及社会学理论等学科的基本观点和概念进行高度概括、综合和发展，在其著作《生命系统》中正式提出跨学科综合性理论，该理论认为生命系统是复杂的有结构的开放系统，凡是有生命存在的地方均可分为复杂度递增的八个层次：细胞、器官、有机体、群体、组织、社区、社会以及超国家系统；1984年跨学科的美国“圣塔菲研究所”创立，该研究所用计算机模拟人工生命和市场的适应演化过程，由此开启了对规模经济的研究。20世纪80年代，美国得克萨斯大学奥斯汀分校普里戈金的弟子陈平发现经济混沌，随后其所在的研究中心改名为复杂系统研究中心。1995年，斯坦利倡议发展“经济物理”，许多物理学家和应用数学家用非平衡的统计方法研究经济数据，发现了涌现、相变、网络等非均衡机制的案例。

复杂性科学的发展，不仅引发了自然科学界的变革，也日益渗透到哲学、人文社会科学领域。其主要内容：从方法论讲，在自然科学、社会科学等各个学科领域发展起来的复杂性科学理论，如早期研究阶段的一般系统论、控制论、人工智能；后期研究阶段的自组织理论，包含耗散结构理论、协同学、超循环理论、突变论、混沌理论、分形理论和元胞自动机理论。研究对象主要是复杂自组织系统，由无序走向有序、由低级有序走向高级有序的生命系统、社会系统。复杂性科学理论解释和解决的正好是包括复杂适应系统理论在内的诸如非线性、自组织、涌现和创新等问题情景的理论。其中，分形几何作为一种新的概念和方法，正在许多领域开展应用探索。美国物理学大师约翰·惠勒说过："今后谁不熟悉分形，谁就不能被称为科学上的文化人。"当重新审视这个"非线性的、分形无处不在"的世界时，人们深刻感悟到科学与艺术的融合、数学与艺术审美的统一。英国著名物理学家霍金称"21世纪将是复杂性科学的世纪"。如今，越来越多的国家建立复杂性科学和经济物理的研究中心。经济学领域正经历着百年来的深刻变化：成为一个经济学的复杂性时代。也许，我们正处于一个"复杂经济学"时期，世界经济的发展依然有许多的"谜局"待解。

二、绩效管理趋势的变革

1. 机械（经典）业绩管理时代

蒸汽时代，工厂雇用工人操控机器生产，而管理者作为监工负责考勤，并按具体出勤天数支付工人的报酬。到了电气时代，企业生产规模不断扩大、经营地域不断拓展，而随着工厂管理的工人数量不断增加，监工者变为"工长"，开始关注如何组织生产分工、设置工序流程和提升人员生产效率等管理问题，不断积累管理实践经验。20世纪初，科学管理理论产生，在欧美分别活跃着具有奠基人地位的管理大师，如科学管理之父泰勒、管理理论之父法约尔和组织理论之父马克斯·韦伯。其中，泰勒于

1911年先后出版《效率的福音》和《科学管理原理》，重点研究在工厂管理中如何提高效率，提出了科学管理理论，以实现管理的科学化、合理化与标准化。该理论认为，管理者负责任务分配、结果测量和实施奖惩，工人只需在某一特定的细分岗位上按照管理者的要求去做即可，不需要额外的思考。由于电力解决了生产传输线的问题，1913年福特公司基于泰勒的科学管理理论开发了全球第一条流水生产线。

这一阶段，工厂的成功，关键在于利用规模经济和范围经济，也就是说，厂主只关心生产的数量和品种，不担心营销和质量提升的问题。对于厂主来说，技术投入很重要，可以生产出更多品种的产品，同时因技术和管理水平的提升，工厂的生产效率提高并大规模生产标准产品，只需考核、监督资金和实物资本的配置，建立对多元化经营和分权化管理的业绩评价即可；对于生产线上的工人来说，只要记住固定的标准程序和机械性动作、完成规定的考核数量（即定量指标）即可；而管理者只需考核工人、组织管理者的财务量化结果，不需要对过程进行定性考核管理，是对生产效率的业绩评价。由此可见，这是一种机械的业绩管理模式，完全是围绕生产机器，依照流水线管控，工人只需“机械”地完成一定标准的考核任务即可。

2. 战略绩效管理时代

在蒸汽时代和电气时代，企业雇用的工人主要依靠出卖体力来换取物质回报，而在信息时代，电子计算机作为人类先进的生产工具，开始替代人的部分体力和脑力劳动，在一定程度上物化并放大了人类的智力、减少了人的体力劳动，极大地增强了人类认识世界和改造世界的能力，并广泛渗透和影响人类社会的各个领域。信息时代的到来对制造业和服务业的冲击具有颠覆性，从事办公管理与服务工作的人员的素质在提升、数量在增加；先进的信息化管理服务对产品质量提升和管理效率提高的影响都很显著。因此，经过第二次工业革命，工业化不断发展，信息时代的技术和产业规模呈爆发性增长，人们的财富不断积累，人口数量暴增而且人员素质不断提升，城市规模日益扩大，各类行业、企业和组织的数量大幅攀升。

处于信息时代的组织，依然运用“机械绩效管理”模式，面对不断创新的技术和高素质人才的组织竞争以及不确定的环境，只关注结果、不关注管理过程，只关注产品、不关注工人的行为感受，自然会出现管理效率危机。梅奥的霍桑实验可以说是管理史上的一个分水岭，从此，组织管理开始关注人际关系。此后，管理的转变经历了两个阶段：20世纪40—70年代的现代管理阶段和80年代后的后现代管理阶段。

（1）现代管理阶段。在这一阶段，组织管理者和研究者开始关注组织和个人之间的行为关系，并借助这种规律性的认识来预测和控制人的行为，以提高工作效率，达成组织的目标，主要作了两个管理转变：一是管理目标的转变，管理重点从对事和物的管理转移到对人及其行为的管理上，管理者可以通过对人的行为的预测、激励和引导，来实现对人的行为和事物的有效控制，从而实现管理的预期目标；二是管理方法的转变，由原来的监督管理转变为人性化和系统化管理，既考虑客户的质量需求，也顾及员工的感受。这一时期的主要理论有人际关系理论、行为科学理论和管理理论丛林。在梅奥的人际关系理论中，工人是“社会人”而不是“经济人”，企业中存在着非正式组织，新的领导能力在于提高工人的满意度。1953年美国福特基金会召开的各大学科学家参加的会议上，“行为科学”的概念被正式提出。1954年，德鲁克《管理的实践》一书的出版标志着管理学正式进入现代管理理论发展阶段。20世纪60年代，欧美由卖方市场转入买方市场，开始有了战略管理理论。1965年，安索夫出版的《企业战略》，成为现代企业战略理论研究的起点。在这一时期出现了多种不同的理论学派，如系统管理学派、决策学派、管理科学学派等，呈现出管理理论的“丛林”，因此这一时期被称为管理理论丛林阶段。值得一提的是，20世纪50—70年代的日本工业管理，因戴明引入统计管理学，日本全面质量管理水平超越美国20年。这一时期的业绩管理，主要为投资者、债权人、政府组织等企业外部利益相关者服务，对企业内部的经营管理也有一定的借鉴作用，立足于事后评价，关注组织自身状况，重视表面可见的短期业绩，考核员工的重点是生产效率，对外依然以财务指标为主。因此，基于工业时代的传统企业业绩管理，实现了管理目标和管理方法的转变，更多地关注人性，属于战略绩效管理发展的前期，但考核的指标相对滞后且多为短期指标，依然属于机械的业绩管理评价。

（2）后现代管理阶段。20世纪80年代后，个人计算机的普及加快了时代信息化、知识化、国际化的步伐，国际市场进一步融合，竞争日益加剧。20世纪70年代，美国企业受到日本高质量产品的冲击，从80年代起美国开始实施大规模的企业重组革命，花了15年时间才追赶上日本的产品质量。美国和日本的管理革命在推动、改进制造业和服务业方面所取得的成效，令各国企业有所感悟。1987年，国际标准化组织（ISO）颁布并实施统一的ISO9000质量体系标准，以全面质量管理和八项质量管理原则为主导，质量管理进入现代质量管理阶段。ISO9000族标准，在世界范围内规范了质量管理的概念、方法以及实际工作流程，企业内部致力于开展建立健全质量体系工作。

“后现代管理”由彼得·德鲁克于1999年开研究先河。彼得·德鲁克也是最早感知和预言知识经济时代来临的人物之一。他认为，为适应21世纪环境变化，组织面临的最大管理挑战是如何提高知识工人的劳动生产率，并强调了信息和隐含知识作为组织资源不断增长的重要性。后现代管理侧重于研究战略管理、组织结构、组织的变革与发展、知识管理、绿色管理、企业的国际化战略与跨文化管理等，主要理论有战略管理理论、知识管理理论和组织再造理论等。其中，战略管理理论不仅把整体分析方法与经验分析方法结合，而且重视创新与企业家精神、重视人的心理因素、重视企业文化等。企业文化理论把人视为“文化人”。所谓的“再造工程”，主要是以工作流程为中心，重新设计组织的经营、管理及运作方式，是以一种再生的思想重新审视组织，并对传统的管理学赖以存在的基础——分工理论提出了质疑，是管理学发展史上的一次巨大变革。

这一时期为战略绩效管理阶段，由重视“物”的质量管理到重视组织的核心能力和培育考核“人”的能力，主要方法和工具有目标管理（MBO）、关键绩效指标（KPI）、标杆管理、卓越绩效管理、平衡计分卡等。组织的绩效管理范式和评价，考虑的维度更加系统、复杂、多样，以全面提升组织的竞争力和员工的积极创新力。20世纪90年代，卡普兰和诺顿对在绩效测评方面处于领先地位的12家公司进行了为期一年的研究，设计了财务、客户和市场、内部流程、学习和成长四个主要的角度，在每个角度中优选KPI指标来进行综合考核，第一次提出用于绩效考核的平衡计分卡工具。平衡计分卡超越传统的以财务会计量度（落后的结果因素）为主的绩效衡量模式，改用评估企业前瞻性的投资事项（领先的驱动因素），使组织的“战略”能够转变为“行动”。自此，KPI成为组织绩效管理者的口头禅。

战略绩效管理，既解决了员工业绩衡量和未来能力提升管理的问题，也解决了组织战略规划制订和管理实施的难题。与机械业绩管理相比，战略绩效管理具有两点优势：一是考核指标根据战略规划提前作了预估，指标具备一定的领先性；二是在人与人考评结果区分和排序的基础上，增加了个人和组织同自身未来目标比较的“自评”的驱动因素。如有的企业依据年终考核结果，通过内部的竞争来发挥人的极限能力，其实质是“末位淘汰”；少数企业评估后，将员工贴上“标签”，划分出ABCD不同等级，具有排他性。

3. 量子绩效管理时代

如今迈入量子时代的第四次工业革命，混合现实、人工智能、量子计算、区块链、量子通信、云端网不仅已经成为我们的高新技术产品研发定位，而且这些科技产品将构建万物互联、人机互动、人人互动、全球互通的社会，人类必将进入互联、互动、互通而又全方位开放的社会；企业组织的管理思维经历了“监工—质检—质量管控—全面质量管理—战略系统管理—知识管理”的变化，如今环境的不安定性、不确定性和多变性使企业经营压力急剧增大，组织“战略规划”无法把控多变的未来方向，财务预算也很难落实，知识型、科技型和创新型人才不光工作成果难以衡量，连工作方向也很难确定下来，创造性和创新性工作不可能通过“管理”和“指标”管出来，“知识管理”已经难以衡量。绩效管理如何变革才能更加适应这个多变、复杂的时代？

进入量子时代，量子绩效管理变革的总体趋势是，更加注重人性化，关注如何激发高技术员工的内在动机并使其发挥创造性，促使员工获得自由和全面的发展。“自由、创新和命运共同体”是量子时代的主旋律，创业者、企业家是社会经济变革的引领者。他们又是如何实施创新的呢？目前，一种“目标与关键成果法”（OKR）在国内外知名公司流行，这是一套明确和跟踪目标及其完成情况的管理工具和方法，由英特尔公司创始人安迪·葛洛夫发明。1999年，OKR在谷歌取得较大成功，接着被Facebook、LinkedIn等企业广泛使用。随后，一批企业宣布废除排名绩效管理评级和单一绩效考核的做法，改为评估员工的工作表现。2014年后，OKR传入中国。OKR与传统的绩效管理办法相比，实现了以下三个转变：其一，将绩效管理的主动权由上到下移向员工，而非评估驱动；其二，从传统绩效管理的裁判员向教练员转变，重在对员工的辅导和赋能教育；其三，从人为战略转向自发战略，从关注目标转向面向资源，关注点放在组织的能力上。这种绩效管理范式，虽然重视员工个人自由和创新能力的发挥，但很难发挥团队作用和加强文化建设，依然没有跳出重视目标和结果的传统绩效管理范式。面对开放的社会、复杂的环境、人员的不稳定，量子时代的组织仍需不断变革绩效管理范式。只有改变思维，才能带来管理思维、管理学理论和体系的真正变革。

第三节　不确定性的时代，世界治理和发展思维要变

一、从确定性的牛顿思维到不确定性的量子思维

1. 确定性的牛顿思维时代

这个世界到底是怎样的世界？中世纪的欧洲，人们所传递的宇宙思

想是“上帝创造了人，并把人置于宇宙中心”，因而托勒密创立的“地心说”观念长期占据统治地位。意大利科学家伽利略因其支持“日心说”违背了基督教义，被宗教法庭判处终身监禁。直到17世纪牛顿力学的出现和应用，才基本扭转了人们的“地心说”观念，开启了一个全新的宏观宇宙观。牛顿力学描述了从太阳系到地球上的物体的基本运动规律，如万有引力学说，能精确解释月亮与潮汐涨落的关系，说明物体的机械运动及作用力之间的关系，能帮助人们重新认识宏观世界。

17世纪，启蒙运动开展，力图以经验加理性思考而不受制于宗教影响，人类思维逐渐从感性思维上升到理性思维。尤其是18世纪德国著名哲学家康德提出的“星云假说”，有力地冲击了形而上学的机械自然观，所揭示的自然世界是另一番景象：宇宙中的万事万物有生有死，而发展是永无止境的。19世纪，近代科技革命开始，电、磁、光的统一，能量守恒和转化定律、细胞学说和进化论等自然科学的蓬勃发展，进一步揭示出世界的演化过程始终遵循自然辩证的法则。人类又用了一个多世纪，从在牛顿经典力学中可直接感知宇宙天体和物质的宏观世界，进入需要借助仪器感知和测量蛋白分子和原子等的微观世界。19世纪中期，麦克斯韦把电、磁、光统一了起来，这是继牛顿力学以后又一次对自然规律的理论性概括和综合。

无论是牛顿的物理学理论、麦克斯韦的电磁动力学，还是二者构建的经典力学，都同样遵循着普遍的牛顿式哲学世界观：世界的原子和更大实体的运动，就像是一个上了发条的机械钟，一切事物的运行都是基于机械论、决定论和还原论这三条简单的思维范式。机械论，就是把世界当作有着内在联系并按照机械规律来运行的一台机器，它在持续、均匀、准确地运行；还原论，是指一切高级运动形式或复杂现象都可以分解还原为低级运动形式或简单现象，反过来说，也就是现实生活中的每一种现象都可看成是更低级、更基本的现象的简单的组合体，因而可以用低级的规律代替同类高级的规律，如古希腊哲学中，把物质分割为不可再分的最小单位原子；决定论，是一种认为自然界和人类社会普遍存在客观规律和因果关系的理论和学说，因果关系是经典物理学的基石，如万物之间因为有引力，宇宙就会确定下来并自动运行下去。

牛顿物理学理论描绘了一个线性的、持续的、均匀的、独立的、确定的世界，同时这个世界上的所有事物都可以依据数字化的公式进行量化描述，并存在确定的、可预测的自然规律，因而构建了一套全新的“世界体系”，形成了一种统治西方思想的牛顿式世界观。

2. 不确定性的量子思维时代

这个世界有黑暗和光明，这到底是一个怎样的世界？宇宙中的光很常见，光又是什么？17世纪的牛顿认为，光是一种实物微粒。惠更斯则认为，光是一种机械波，传播它的物质载体是“以太”，更是提出了相对完整的光的波动说理论，因为如果光是粒子就无法解释光的衍射现象，而且如果光是微粒的话，那么为什么看不到两束光发生碰撞呢？可问题是波和粒子是完全不同的东西，要么是实物粒子，要么就是波，硬币不是正面就是反面，事物不是黑就是白，这就是现实的确定性。在确定性的牛顿思维时代，人们认为事物不可能存在两面性，也无法理解既是波又是粒子的事物。人们发现旧有的经典理论无法解释微观系统，人类认识层级再也无法突破到下一层。直到19世纪末，汤姆生发现了电子，并已深入原子的内部，原子不可分的传统观念被打破，人类的科学认知进入全新的第三个层面，也就是超微观的物质层面。同时，为下一步创立量子论奠定了基础。

对于量子的发现，只能理论推测，用实验验证，但是人们从来不知道它是什么，很难通过直觉理解。因此在各种科技发明中，先进的科技研究设备的开发和利用，对科学试验和工程验证相当重要，也是人类的理性认识与感性认识相互促进和提升的手段。1900年前后，在电磁波被发现是由量子构成之前，普朗克先找到了一个完美的公式来衡量一定温度下的热辐射中各种电磁波的能量，在此基础上进行假设，物质通过振动发出或吸收电磁波时，振动的能量必须是某个基本单元的整数倍。普朗克将这一基本单元叫作量子，量子的能量等于频率乘以普朗克常数。这后来被称作普朗克定律。1905年，爱因斯坦不仅解释了电磁波本身就是由一份一份的量子组成的，叫作光量子（后来被简称为光子），还创立了相对论，说明了电磁波不需要媒介。作为推论，爱因斯坦解释了光电效应，证明了宇宙背景辐射的量子化。因此，量子的发现过程同样遵循牛顿时代数学原理的量化思维，也离不开“先进工具感性认识+理性假设”的研发思维模式。

自光量子被定义后，经历近30年的完善，量子力学理论建立起来，并与相对论一起成就了现代物理学理论。人类对自然世界的认识被完全颠覆，进入全新的量子世界观：物质从不可分的原子被继续分化为电子、光子等有着量子之称的基本粒子，宇宙空间充满的不再是绝对静止的“以太”，而是一份一份的、不连续的、量子化的辐射能量；量子“奇特”的特性和“诡异”的行为更是将人类带进奇幻的世界，如量子是处于多种状态的“叠加态”、量子行为是“不确定的”也是“测不准的”、量子在轨道间可实现“跃迁”、量子状态的测量受“观察者”影响、量子之间可以发生无限距离的“量子纠缠”等。

如果科技研发停留在能说不会做的阶段，就是不完整的、没有实际意义的科学理论，科学理论必须能用数学方程进行计算和测量验证。既然量子行为测不准、不确定，人类是如何利用量子进行量子测量和理论应用的呢？如果想要预测电子的运动轨迹，就必须同时获得电子的位置和速度这两个维度的信息，宏观世界下的经典力学很容易做到这一点，但是海森伯却发现，人们不可能同时知道电子的位置和速度，量子表现有“波粒二象性”的量子叠加态，同时具有“不确定”状态，因此量子在各处出现的行为，不能用经典粒子定量描述。在人类的日常生活中，经常使用概率理论，比如扔硬币，每个面朝上都有可能，概率是1/2。狄拉克从数学的角度统一了海森伯的矩阵力学和薛定谔的波动力学，提出电磁场中相对论性电子运动方程和最初形式的量子场论等，构建了量子电动力学。量子力学认为，自然界所有的原子和亚原子粒子（如光子、电子），都能用一个微分方程，如薛定谔方程来描述。这个方程的解即为波函数，而波函数具有叠加性，它们能够像波一样互相干涉。这样，粒子性和波动性就统一在了同一个“波函数”解释中，可以用波函数来描述粒子出现在特定位置的几率幅即概率密度。因量子的这种不确定性，被人类观察和测量利用后就带来“不确定+确定=相对确定”，量子行为出现了测量背景平台下的塌陷，构建出可直接感知到的量子化物质，一类物质就是一类量子场，如医疗领域进行健康检查的人体X光透视设备，量子穿越人体后产生可探测光电效应，显示出人体器官物质。

在量子世界里，粒子不再是牛顿时代的台球，也不是只停留在一个位置或从点A通过一条单一路径到达点B，而是一跳一跳的概率云。人类用波函数与概率密度来表示量子的不确定状态，这二者也是构成量子力学理论的最基本的概念，更是量子力学完全摆脱经典观念和牛顿力学并走向成熟的标志。人类从确定性的牛顿时代正式跨入不确定性的量子时代。

二、物理学寻求大统一，而管理学依然是丛林

1. 物理科学大统一

300多年来，人类科技的发展，经历了从以牛顿力学为基础的近代科学到如今由量子力学开启的现代科学，各学科科学体系的建设也经历了“综合—分科—交叉—复杂—再综合”的过程。世界科技中心一直在欧美西方世界内转移，从第一个世界科技中心意大利，先后经历了英国、法国、德国，到第五个世界科技中心美国，因此，在过去相当长的一段时间里，一直是西方科技界在引领人类科技的不断完善、发展和进步。

近代科学技术发展观是从天文学发展过来的，各学科是综合统一的，当时的天文学融合宗教文化、数学、宇宙等思想，因而历史上的科学巨匠如牛顿、爱因斯坦等都同时精通物理学、哲学和数学等多门基础学科。英国著名的物理学家牛顿，就是百科全书式的“全才”，著有《自然哲学的数学原理》，这是人类认识史上第一次对自然规律的理论性的概括和综合，成为现代物理学与现代天文学的开端，基本扭转了人们的“地心说”观念，开启了一个全新的宇宙观。

物理学的思维想象和定律发明，一定离不开数学理论假设和方程的验证，数学学科的发展在一定程度上促进了物理学的发展。爱因斯坦在《关于理论物理的方法》的报告中，有一段经典的论述：“我们的经验已经使我们有理由相信，自然界是可能想象到的最简单的数学观念的实际体现。我坚信，我们可以用纯粹数学的构造来发现这些概念以及把这些概念联系

起来的定律，这些概念和定律是理解自然现象的钥匙。经验可以提示合适的数学概念，但数学概念无论如何不能从经验中推导出来。当然，经验始终是数学构造的物理效用的唯一判据。但是这种创造的原理却存在于数学之中。”16世纪文艺复兴时期的笛卡尔是现代数学基础工具的创立人，他创立了解析几何——既可以用计算证明几何学的定理，也可以用图形来形象地表示抽象的数学；在哲学上，笛卡尔是一个二元论者以及欧陆“理性主义”先驱，他完美地将空间与理性进行了统一。17世纪的“全才”牛顿在宏观层面将宇宙与物体自然规律进行理论性概括和综合，构建了牛顿力学。200年后，又一个“全才”人物——英国的物理学家、数学家麦克斯韦在微观层面将电、磁、光统一了起来。19世纪末，力学、热学和电磁学构成了整座经典物理学的“大厦”。经典物理学的发展，无疑加速了科学技术发展，并先后带来第一次工业革命和第二次工业革命。否则，现代文明也就不可能这么快地到来。

20世纪，现代科技进入量子时代，在狄拉克电子运动方程和初期量子场论等的基础上，量子场论、矩阵力学和波动力学统一，量子力学构建起来。而杨振宁和米尔斯的“杨-米尔斯理论”统一了自然界三种力的描述，成功地揭示了微观物质世界的基本规律。世界万物是由量子构建的，每个物质都可以看作一个量子场，并相互作用，整个世界就是统一的量子场。统一场论的发展正向着把强相互作用统一起来的大统一理论和把引力统一起来的超统一理论前进。并且这种有关小宇宙的理论与大宇宙研究的结合，正在推动着宇宙学的进展。20世纪20年代末，量子力学和相对论构建的现代物理学理论，无疑促进了第三次科技革命爆发。当下，物理学界正朝着量子力学和相对论融合“大统一”理论迈进，以构建更加统一的自然世界观。

2. 管理哲学丛林

西方市场经济学，因特别注重对市场机制的研究，是目前所谓的“主流市场经济学”。以1776年亚当·斯密《国富论》的出版为起点，西方经济学历经200多年的风雨沧桑。从亚当·斯密、大卫·李嘉图、萨伊、穆勒、马尔萨斯、马歇尔到凯恩斯、米尔顿·弗里德曼、萨缪尔森、卢卡斯、斯蒂格利茨，西方经济学大师辈出；从古典经济学、新古典经济学到凯恩斯主义经济学和新凯恩斯主义经济学，西方经济学流派林立。此期间，无论哪位大师、哪个流派的西方经济学理论都是运用西方线性非对称思维方式建立经济学范式，属于片面反映经济发展规律的政治经济学。西方经济学背后的思维模式，都是建立在一般均衡理论、以理性人都是自私的“经济人”假设为理论出发点、以竞争为经济发展的根本动力、以博弈为经济主体的行为方式、以利润最大化为微观经济的最终目标、以GDP经济规模最大化为宏观经济的最终目标、以线性非对称思维方式和还原论思维方法为方法论特征等基本结构和基本功能之上，因而西方经济学范式表现为均衡性、线性、抽象性、片面性，从古典经济学时期到新古典经济学时期，数理模型依然继承的是牛顿时代的机械论、决定论和还原论的分析科学传统。

西方经济学是指产生并流行于西方国家的政治经济学，狭义指西方资产阶级政治经济学，广义包括马克思主义政治经济学。东方经济学是与西方经济学不同的经济学范式，经历了从传统农业社会经济逐步向现代工业化社会经济的演进过程。马克思依据欧洲的古典哲学思想、历史发展经验以及对商品经济的研究，透彻分析了资本主义生产方式的内在矛盾，第一次揭示了社会发展的基本规律。马克思主义学说，被认为是指引全世界劳动人民为实现社会主义和共产主义理想而进行斗争的理论武器和行动指南，也改变了人类历史的发展进程。东方不同于西方，东方的中国以马克思主义为指导，结合实际，走了另外一条社会发展道路。东方的中国以20世纪50年代初期的社会主义计划经济为起点，经历了改革开放后计划经济向市场经济的转型以及2001年加入世界贸易组织全面与主要西方经济体接轨和合作，无疑对其产业经济及管理产生深远影响。因而，改革开放以来流行的中国新自由主义经济学也属于西方经济学的范畴。随着中国经济的改革开放，中国特色社会主义道路取得成功，而西方模式日渐走向衰落，加上2008年金融危机的发生，全世界掀起了一股反思西方主流经济学的思潮。全球化经济，带来全球性复杂环境，人类对经济学的思考进入复杂性时代，产生包含耗散结构理论、协同学、超循环理论、突变论、混沌理论、分形理论和元胞自动机理论等在内的一系列理论，管理界依然处于“复杂性科学理论”丛林。

西方经济模式下的管理学，即微观层面的产业组织管理，经历了基于工厂管理理论的古典管理阶段、基于组织理论的当代管理阶段和强调组织间管理的现代管理阶段以及强调知识管理理论的后现代管理阶段。基于不同研发模式、不同基础理论，还有许多学者建构的市场管理控制模式、科层制管理控制模式和以信任为基础的控制模式等各类组织间管理控制系统，出现了如系统管理学派、决策学派、管理科学学派等多个学派，呈现出管理的“丛林”。其中，冯·诺伊曼的《博弈论与经济行为》一书，更多考虑组织之间的独立与竞争行为，而赫伯特·西蒙，这位社会学科的通才，在研读冯·诺伊曼的博弈论后，更多关注经济组织内部的个体决策行为，并基于用“社会人”假设取代“经济人”假设，提出了“令人满意”的有限理性决策模型，重点强调的是个体行为管控。因此，在社会经济决策管理中，无论是冯·诺伊曼的博弈论，还是西蒙的决策模型，依然习惯于牛顿式的经典思维模式，强调个人和组织的独立性和管控，即人的一切行为都是先前某种原因和几种原因的结果，人的行为是可以根据先前的条件、经历来预测的。又如泰勒的科学管理方法就是分析每个组织的固有规律，进而总结其运行模式和机制，从而通过模式和机制的设计，提前实施计划来控制员工绩效和产品质量，通过广告宣传达到操纵市场和激发客户购买欲的目的。20世纪80年代兴起的混沌理论和复杂性系统科学，也是在批评前者理论的基础上进行的理论完善和延伸，因其牛顿式经典思维范式的“根基”没有改变，自然摆脱不了用复杂思维解决复杂系统问题的困局，管理理论变得越来越混沌、无序。

在绩效管理模式方面，卓越绩效管理模式、平衡计分卡和OKR等各种管理模式单独成体系，缺乏基于统一文化的管理思维和理念视角，虽然管理目标从机械时代对产品的质量考核和事物的控制，转移到对个人行为的重视和考核管控，并围绕“经济人”“社会人”和“文化人”提升人性的重视层级，但大都从组织利益或预测、控制个人行为的思维出发，目标维度选择相对混乱，目标维度之间缺乏紧密的因果逻辑和平衡关系以及整体性，在个体和组织行为“统一”与“不统一”间，更多强调的是博弈和管控，缺乏兼容并包的集体协作精神。

三、思维的源泉变了，对管理的认知能不变吗？

人类面临的问题无非是生存和发展的问题，人类对世界的认识程度、所形成的世界观和认识论，决定了人类物质文明和社会文明发展的程度。

近代科技发展以来，科学革命改变了人类的世界观，人类对自然世界的认识所形成的世界观，主要经历了从“宏观”宇宙到“微观”量子、从“确定的”牛顿力学到“不确定的”量子力学两个层面，而人类社会发展观，处于“统一”与“不统一”行为管理的混乱无序之中。在物质文明发展方面，科学革命促进科学技术的广泛应用和工业制造的发展进步，生产力水平和生产效率迅速提升，带来蒸汽时代、电气时代、信息时代的三次工业革命和正在到来的第四次工业革命。在社会文明进步方面，工业革命深刻地影响了社会发展的进程，三次工业革命都引起产业和社会分工管理的变革。但管理的变革是建立在深厚的物质基础和适宜的社会教育发展环境之上的，人类社会治理历程不能简单地按工业革命发展途径进行归纳。因此，人类的物质文明发展在前，而社会文明发展相对滞后。马克思第一次归纳和揭示了人类社会发展的基本规律，从而改变了人类社会的历史发展进程。在技术革命发展历程中，人类认识自然的世界观是一致的，但对宏观层面的人类社会治理变革的认识出现了分化，东方与西方社会管理模式不同步、不统一，形成了以中国为代表的东方特色社会主义经济管理范式和以欧美为代表的西方资本主义社会经济管理范式。

300多年来，牛顿物理学的科学思想，改变了人类对世界的看法，不仅重新定义了人类与世界的时空关系，也奠定了继续研究自然科学和社会科学的整个认识论基础——机械论、决定论和还原论，促进了技术产业革命和社会文明发展，因而深刻改变了人类的生活。在现代生活中，我们能时时感受到牛顿式思维，西医医院按人体心、肺、肝等组织功能分类设置科室，并没有像中医一样把身体看作一个有机整体而进行综合医治；大学学院依然按数、理、化等分科、分专业实施教育，数理、管理学和哲学相互独立、互不沟通，很难培育大师级的“全才”；在企业管理中，固定模式和机制，按流水线进行分工管理，员工彼此独立运作和实施计划并进行绩效管控。牛顿式思维不仅在化学、生理学和心理学中占据了支配地位，而且在社会经济管理等方面影响深远，如西方式的非黑即白与零和博弈文化、毫无节制的资源耗费和无限欲望的个人放纵，以及追求个人主义与惧怕集体主义等，一定程度上导致了2008年全球金融危机的爆发，2020年西方国家的新冠肺炎疫情防控不力也不得不说是受到这一思维模式的影响；相比西方，东方的中国在2008年全球金融危机中积极救援危机源头国的金融体系，2020年自身处于新冠肺炎疫情防控关键时刻，依然不忘世界各国并伸出援助之手协助抗击疫情，可见，东方中国更崇尚天人合一、追求和合精神和关注集体利益。

21世纪，量子物理学从根本上改变了人类对宇宙物体和物质结构及其相互作用的认识，科学技术和生产力发展突飞猛进。相比以往的任何时代，人类对量子新技术的应用发展到了关键时刻，如混合现实、大数据、人工智能、区块链、虚拟云端，深刻影响着人类社会的各个方面。这些技术的深入应用，既可以给社会组织的运营和经济发展带来无限的可能，也会带来不确定的巨大风险。这是一个不确定的时代，有着不确定的环境：在宏观管理层面，人类社会一方面面临全球化、虚拟化、网络化等管理变革机遇，另一方面，又面临人口规模不断扩大、经济金融不稳定和生态环境恶化等带来的挑战和风险，如2008年的金融危机至今影响世界经济的恢复，2020年突发的新冠肺炎疫情导致世界经济下行，世界各国和区域组织同样反思追求自我和近乎放纵的价值观；在微观管理层面，企业组织面对市场竞争的不确定性，无法判断竞争对手是谁，组织的经营战略、各类预算等经营管理活动存在许多不可控因素；在个人自身发展层面，人们同样面临多种挑战和机会。如果说前三次工业革命都是基于机器的革命，那么这一次工业革命则是对人的革命。量子时代的人工智能将改造一切，包括人类。在量子时代，更多的行业、职位将消失，对人的创造性思维和系统性思维等综合能力的要求更高。

进入量子时代，人类思维从确定性上升到不确定性，再将确定性与不确定性进行整合，正是利用这种确定性与不确定性的辩证统一思维，人类开启了对量子技术的开发和应用，实现了从量子单纯可探测的第一次量子革命到主动可调控的第二次量子革命的跃迁。

物理学寻求大统一，而管理学理论依然是丛林与混沌。由第二次量子革命引发的第四次工业革命已经开始并为管理变革做了铺垫，而社会经济管理规则依然无法统一，在复杂多变、风险日增的环境和世界乱局面前显得无力。不确定性的时代，世界治理和发展思维如何变革？面对东西方的分合、经济管理的统一与不统一，社会经济管理又该如何发展？借鉴自然科学“量子世界观”的统一，也许东方与西方社会经济管理的价值观和思维变革，将交汇并统一在量子世界观的思维根基之上。前沿的二次量子革命已经开始，滞后的管理变革是时候启动了。思维的源泉变了，对管理的认知能不变吗？

第二章 思想变革：量子特性与量子哲学

人类所面临的问题，无非是两个层面、三类问题。两个层面，即生存和发展层面。三类问题，即这是个什么样的世界？人与世界的关系如何？人应该为世界做什么？面对复杂多变、充满欲望和竞争的当下世界，人们很难找回初心和第一原动力，并为寻找更深层次的人生意义和使命而扪心自问：我是谁？每天辛苦劳作的意义和价值在哪儿？我又能做些什么？

欧洲文艺复兴以前，自然科学（也称为经验科学）与宗教哲学是统一的，经验科学已从生产劳动中逐渐分化出来，主要方法是直觉观察与哲学的猜测性思辨；文艺复兴以后，自然科学回归人文、重视理性，采用实验方法研究自然，宗教哲学和自然科学才开始对立并分道扬镳。近代以来，人类的世界观和方法论建立在自然科学的基础上，从宗教哲学跃迁到自然哲学，哲学成了世界观和方法论的统一，当代世界哲学思想似乎都高高在上，东西方哲学家也自圆其说，很难与自然科学对接并融通合一；人类的宇宙世界观，从中世纪“地心说”的宗教世界观，到17世纪万物都是由不可分的最小原子构成的并遵循宏观世界运行规律的牛顿力学世界观，再到跨入20世纪量子构建万物并遵循微观的量子力学世界观，最终形成现代自然科学体系。

现代自然科学体系已经形成，而当下管理体系则相对混沌、不统一，并处于复杂无序的“耗散结构”与熵增的状态，而量子革命带来的第四次工业革命给世界变革和治理带来许多不确定性，无疑加剧了与当下混沌管理体系的冲突。一个科学的原理背后，都对应说明了一个哲学的道理，告诉我们客观的世界和主观的世界不能完全割裂。因此，我们可以沿着“物理学—哲学—世界观—方法论—法则—衡量与管理”的路线，借鉴自然科学思维体系和量子科学的原理，探讨量子科学背后的量子哲学，并寻找构建现代管理哲学的根基，以求量子哲学与社会管理哲学的源头归一。

第一节　量子特性与哲学诠释

科学与哲学是否能够携手并进？科学揭示的是自然、社会和思维某一领域的规律和奥秘；哲学是对个别规律和特性进行概括和升华，从而抽象出整个世界最一般的本质和最普遍的规律。二者之间既相互区别又相互联系：具体科学是哲学的基础，科学的进步推动哲学的发展；而哲学则为具体科学提供世界观和方法论的指导。科学理论应该被哲学观点塑造，但依然有科学家对哲学不予理会，认为哲学与他们的工作无关。物理学家、诺贝尔奖得主史蒂文·温伯格曾说：“与物理学和数学耀眼的成就相比，哲学家们的洞见是混浊的、无关紧要的。”而物理学家卡洛·罗威利则认为，哲学为科学带来“概念分析，对模糊之处的关注，表达的精确性，以及探知标准/权威论证之间漏洞的能力、发明极端崭新视野的能力、发现概念弱点的能力和寻找替代性的概念解释的能力”。

量子科学已经发展了100多年，人们对量子的一些特性仍无法诠释，至今依然存在许多争论和问题，有些冲突已经上升到哲学诠释层面。而正是这些不确定性和问题的存在，推动量子科技和产业的不断发展。科学毕竟是经验数据的堆积，科学家们不可避免地基于哲学思考和方法，来诠释科学的概念框架和问题。爱因斯坦发展出相对论，他是这样谈论哲学的：“如果把科学理解为在最普遍和最广泛的形式中对知识的追求，那么，哲学显然就可以被认为是全部科学之母。”

量子科学规律完全颠覆了经典科学规律，人们无法以经典科学的世界观和方法论，来塑造和指导量子科学理论。1950年，物理学家戴维·玻姆发现量子过程和人的思想过程极为相似，他说，“世界上所有的问题都是思维问题”。针对量子科学，人类需要思想的变革，构建新的量子哲学，以推动量子科学和社会进一步发展。

因此，量子科学要想取得突破并获得新的诠释，必须借鉴人类社会科学哲学理念。于是，我们将量子科学实体系统与人类社会哲学系统进行类比，对量子特性和量子系统测量过程进行归纳、分析，将量子科学实体系统的“存在和演化”结合人类社会哲学系统内“生存与发展”的基本问题来思维，而将量子科学实体系统内“量子力学和相对论”测量过程获得“波性与粒子性”，结合人类社会哲学系统内“共同体（集体组织，即实体）与个体（经典粒子）”下的“集体与个体”或“共性与个性”特性行为以及所依存的背景环境等整体系统运营过程来分析，从而获得量子哲学的世界观和方法论。

一、量子特性与量子问题

进入20世纪，人类对自然世界的认识被完全颠覆，从经典规律的牛顿世界观进入全新的量子世界观，量子“奇特”的特性和“诡异”的行为更是将人类带进奇幻的世界。

1. 量子特性

量子离散与聚合性　在牛顿力学观念中，虽然物质是由不可分的原子（离散的）构成的，但物质运动的能量和热量都是连续的，光线是连续的直线；在量子世界观里，物质从不可分的原子又被继续分化为电子、光子等基本粒子，宇宙空间充满的不再是绝对静止的“以太”，而是一份一份的、不连续的、量子化的辐射能量，是离散的，但量子与量子、物质与物质以及量子场之间相互渗透和相互作用并有聚合性。量子物理中还有一个重要的离散化现象，那就是粒子的自旋。粒子自旋是指基本粒子（如电子）围绕本身的轴进行的迅速转动或这种粒子的体系在其轨道运动中的迅速转动，这种转动与可测量的角动量和磁矩相对应。自旋可以设想成绕着一个轴自转的小陀螺。比如光子的自旋为1，即转过完整的一圈（360°）时，光子才显得是一样的；电子的自旋为1/2，即只转过半圈（180°），电子看起来便是一样的。根据自旋，基本粒子分为两类：自旋为整数的是玻色子，自旋为半整数的是费米子。电子自旋先由实验发现，然后才由狄拉克方程（Dirac Equation）从理论上导出。

量子叠加态　量子叠加态是指一个量子系统可以处在不同状态的混沌

态，它具有多面性，即处于不同量子态的叠加态上。科学家通过双缝干涉实验（见图2-1），证明了电子等基本粒子同时具备波性和粒子性的属性，体现量子的波粒二象性，这就是一种量子叠加态。在日常生活中，也有“不同可能性都存在”的情况，可用概率描述。比如，今天晴的概率是多少，下雨的概率是多少，多云的概率是多少。

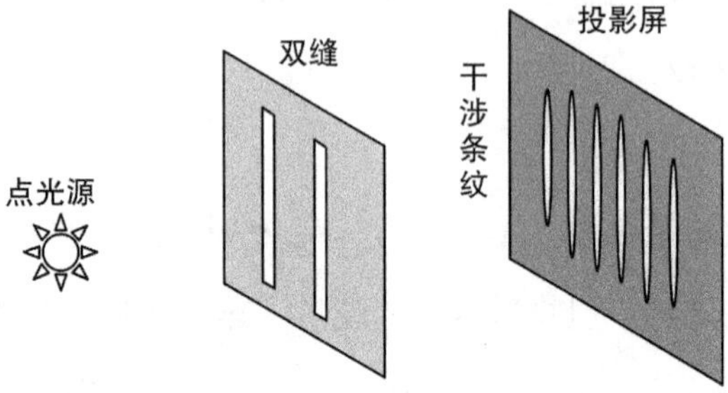

图2-1　双缝干涉实验

量子不确定性　在牛顿力学里，一个粒子必须同时有确定的位置和速度，而在量子力学里，二者不能同时测准，是不确定的，每次的测量或观察结果都不一样，故又称“测不准原理”，犹如上帝在抛色子，不知道下一面是哪面。从牛顿力学来看，一个粒子在任一时刻的位置是唯一确定的、定域的、实在的，这也是经典力学的三大基本观点之一。量子物理却认为，该微观粒子在任一时刻可以在时空中的任一点出现，具有不确定性；也是“测不准的”，无法确定它在哪一点出现，所能确定的，是它在某点出现的概率是多少，可以用玻恩的波函数概率诠释量子的微观状态。不确定性原理的维持必须依赖量子纠缠机制。

量子波粒二象性　量子波粒二象性，即“粒子性”与“波性”，是量子叠加和在量子纠缠中相互作用力的两个基本特性。科学家通过双缝干涉实验证明了量子的波粒二象性，如人面狮身像——既像人又像狮子，一枚硬币具有正反两面，又如光量子同时表现波的衍射现象和粒子的光电效应。在量子世界中，必须同时把握量子的粒子性和波动性，才能对客体有全面的了解，忽略两者中的任何一面，得到的都是残缺的信息。

量子跃迁　量子跃迁就是处于分立的微观粒子，在接受能量后“受激辐射”或“自发辐射”，从一个状态（初态）跃迁到另一个状态（末态），如电子在光的照射下从高能态跃迁到低能态就是一种量子跃迁过程（见图2–2），又如社会中员工接受多年教育后从低级职位调升到中级职位，这也是一种“跃迁”。

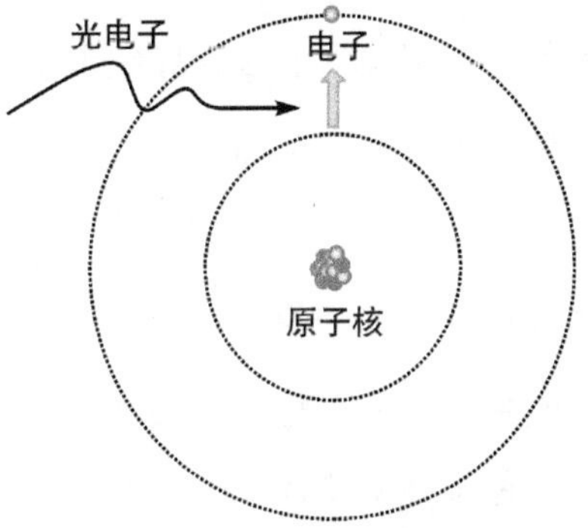

图2–2　原子结构及电子跃迁

“观察者”测量效应　当你作为“观察者”直接观测一个量子A的行为时，是无法观测到的，必须通过发射另一个量子B与之发生作用，将反馈的信息进行分析，从而得出量子A的行为，这表现出唯一状态，就是量子坍缩，不同的“观察者”状态会影响量子A的行为。在经典世界中，观测主体与客体互相独立，有没有观察者，客体都照样存在，主客体之间不存在不可分割的联系；主体可以在客体之外去认识客体，同时不对客体产生影响，客体的属性和规律独立于观察者，也与观察者采取的观测方法无关。在量子世界中，因为存在着观察者对被观测物的不可避免的扰动，即观察测量就是观察者（观察者自身与所在的环境相关）与被观测物之间的相互反馈的一种量子行为，此时，主体和客体世界必须被理解成一个不可分割的整体。客体所表现出的形态，很大程度上取决于主体的观测方法，因观察导致微观粒子的波函数发生坍缩，也就是从混沌的叠加态转变为确定的状态，如对光子（电子）的观测就导致了光子从叠加态坍缩到了粒子态。对同一个被观测对象来说，不同观测条件下的各种表现形态可能是互相排斥的，但必须被同时用于对这个对象的描述中，这就是（玻尔的）整体互补原理。观察测量行为貌似是人的因素导致了量子态发生坍缩，导致结果发生改变，甚至导致“因果倒置”即未来决定过去，不存在经典世界的因果关系。

量子纠缠　当两个微观粒子处于纠缠态时，无论分离多远，对其中一个粒子的量子态做任何改变，另一个粒子都会立刻感受到，并做出相应的改变，类似双胞胎，二人无论距离多远都“心有灵犀”。如2017年的量子科学实验卫星墨子号首先成功实现两个量子纠缠光子被分发到相距超过1000千米的地点后，仍可继续保持其量子纠缠的状态。在量子力学里，当几个粒子相互作用后，由于各个粒子所拥有的特性已综合为整体性质，因此无法单独描述各个粒子的性质，只能描述整体系统的性质，这种现象称为量子缠结或量子纠缠。量子纠缠是一种纯粹发生于量子系统的现象，在经典力学里找不到类似的现象。其整体系统具有可分性与不可分性，具有加和性和非加和性（涌现性），展示整体互补性。量子纠缠在量子力学与经典思路之间做了一个完全切割。

量子场论　量子场论是描述粒子的“粒子性”和“波动性”的双重属性以及粒子的产生和消灭过程的基本理论，也是关于基本粒子的结构、相互作用和运动转化规律的理论。用量子场论的观点来看，物质存在的基本形态是量子场，每一种粒子都可以看成是一种独特的激发态场的量子化的表现形式。量子场论向我们描述了一个场与粒子统一的物理图景：全空间同时充满各种场，各种场相互重叠，粒子与场相互对应。量子场论统一了“三力”，其中强核力即构建原子核的牵引力，弱核力即核子天然辐射的相互作用力，磁力即电磁相互作用力。量子场论结合了量子力学、狭义相对论和经典场论，从根本上改变了人类对物质结构及其相互作用的理解。比如光子构建了电磁场即规范场，光量子就是电磁场的微观组成单元即量子，电磁场是大量光子的累积效应。另外，大量粒子构成的集体可以有集体运动的激发，也叫作量子。固体振动的量子叫作声子。

综上，量子是处于多种状态的“叠加态”如量子具有“波粒二象性”，在对量子状态进行测量时，因受“观察者”影响，从而发生无限距离的“量子纠缠”，并“量子坍缩”在一种状态；另外，因“观察者”不同的观察状态，测量的量子行为表现为“不确定的”也是“测不准的”；量子在轨道间可实现“跃迁”、量子系统内可发生“量子涌现”等。因此，量子世界不同于经典世界的严格因果性和绝对客观性。其中，叠加态、“观察者”测量效应和不确定性被定义为量子力学的三大基本原则。在哥本哈根诠释中，又有三大核心原理之称：不确定性原理、互补原理、概率解释。

2. 量子问题

从上文可以看出，量子力学的概念与经典力学（牛顿力学）的概念完全不同。首先，层次不同，经典力学研究的是宏观和仪器可观察的实体粒子，而量子则不可直接观察，需要通过“观察者”测量或受“环境”干扰才能间接感受到，只有抽象的量子力学描述。其次，人们始终习惯传统的、确定的、实在的牛顿力学，很难理解量子力学，即便是在现代物理学内部，量子力学与相对论两大支柱之间也存在融合的问题。量子特性与经典粒子特性的差异具有颠覆性，在物理学之间就产生许多经典规律与量子规律的冲突和争议，有些争议存在了几十年甚至上百年，自然留下许多问题。如1935年著名的“爱因斯坦与玻尔争论”。爱因斯坦描述量子纠缠为鬼魅般的超距作用，并提出EPR佯谬，试图借着一个思想实验来论述量子力学的不完备性质，用来反击哥本哈根学派玻尔关于量子力学对物理实在的诠释。这实际上是爱因斯坦的“相对论的定域实在论”和玻尔的“量子系统是非实在性的定域量子纠缠”之间在思想基础上的尖锐冲突，即这种冲突已经上升到哲学（世界观和方法论）层面。比较典型的两类问题是：

（1）在量子世界观里，有两个量子科学理论尚待哲学层面澄清和诠释，即量子的终极哲学问题：量子系统“可分并不等于可分割”的物质层次结构问题和“相互作用统一”问题。

（2）量子科学体系的两个边界问题：量子叠加内如“波性或粒子性”不同叠加状态的量子信息属性边界问题和同一个量子系统应用“量子规律”或“经典规律”的边界选择问题。其中，如何将量子理论中的概念应用到广义相对论的框架中仍是一个未能解决的问题。

二、量子哲学诠释的几个基本概念

物理学问题，涉及我们怎样描述大自然。对量子科学的诠释，人们希望借鉴人类社会管理系统，摆脱传统的经典观念，从哲学思想层面获得相对适宜且全新的解释。

1. 量子人与量子场

经典世界里，原子是万物的基本单元，重视独立于环境的原子个体或自我。量子世界里，量子是已知的最小的可分与不可分割的能量体。我们的世界，就是由可见的能量体或不可见的能量体组成的能量场 。其中，可见的能量体组成的就是确定的世界万物。量子的自旋离散性对应量子个体的个性，量子间因纠缠、叠加和相互作用统一产生的聚合性对应量子系统的部分集体共性（与系统场的整体共性存在差异，即个性是共性的一部分），我们所观察到的量子一定不是孤立存在的，一定受到场的影响。在量子世界观里，量子构建世界万物，将一个经典规律下的量子化粒子定义为量子个体，对应人类社会的个体人，而人也是由量子组成的，这里将个人称为量子个体或量子人。量子人与量子场是一个动态的整体，量子人对应的外在的行为量子场有两极，即量子人（自我个性）和量子环境场（集体共性场或共同体场），有理性与感性的双重性，也有物质人与精神人的双重性，是个性与共性、个体与集体的统一，我们无法孤立地或脱离社会环境来看待一个人，也就是说一个人是无法孤立存在于这个世界上的。如东方人与西方人除了个性差别外，还存在地域文化习性即集体共性的差异。

2. 量子场与量子组织

量子场论是关于基本粒子的结构、相互作用和运动转化规律的理论体系。在这里，我们将量子场论诠释为基本粒子相互作用的集体组织行为理论。至少两个量子发生纠缠，构建两个量子比特四个比特位（一个量子有两个比特位信息）具有互补信息的共同体量子组织。物理学的几个量子个体因某种共同作用效应，发生场之间的相互作用，并聚合构建的量子场对应物质系统，类比量子人集合构建的社会系统对应集体组织或社会组织，均称为量子组织或量子集体。依托“场论”分析、解释各类社会行为，不把“场”看作分子间引力和斥力的简单相加，而是把它定义为一种全新的结构，并延伸出量子组织形式；将“场”定义为相互依存、相互作用的集体组织，定义为个体、集体（环境）以及个体与集体间的相互关系以及相互作用的一种组织整体行为，因为集体不是由某个部分决定的，也不是各个部分的总和或简单相加，而是包含原创者初心、跨越时空和多极部分的复杂叠加并凸显整体共性，而集体的各个部分除了维持自己的个性外，还有部分共性是由这个集体的内部结构和性质所决定的。就如同地球上水的分布是大量水分子的累积效应构建小溪、河流、江湖和大海等即水分子集体组织行为的结果，而天上的云组织也是一种水分子的聚集效应产生的水分子组织行为的结果，通过测量云中的构成粒子性，可以追踪云的来源和时空发展历史。另外，整个环境即社会组织场是不确定的、叠加态的，是多层共同体（即社会环境场是各种平台场的叠加态，如家庭场、企业场、社会场、国家场等文化背景的叠加），并且受到观察者或参与者定位影响，最终确定下来只有一个层级的场或组织平台（管理学内的“定位”概念）。需要特别提示的是，东方的经济社会基本单元不是个人而是单个家庭组织，对应基本粒子构建的最小量子场即量子自组织（男女两个量子人构建的互补统一家庭场即量子家庭），重视人与人之间的关联和场，为整体性的集体思维，系统场内的关系是个体与集体组织间的两极层级关系。而西方的经济社会基本单元是个人而不是家庭，对应的是基本粒子，即脱离集体量子场的共性，重视个人与契约内关联自我内容（不存在人与人的关系，依然是个人与自我关联），为个体性的自我思维，系统场内的关系是个体与社会契约或个体与上帝间的两极关系。

3. 组织的衡量和管理

在量子世界观里，“确定性与不确定性”，对应管理哲学中的“存在与发展（即意识）”：确定性即现实的、实在的、简单的关联，对应实体“存在”——物质理性；不确定性即潜在的、未来的、复杂的关联，对应未来的实体“发展”——意识感性。在量子世界观里，“统一与不统一”，对应管理哲学中的“共同体（集体）世界与离散的世界个体”：统一即综合集成的、相互关联的，对应组织的“共同体（集体或实体）”系统范式；不统一即量子化的粒子、独立的、无关联的或离散的，对应单独的“个体（经典粒子）”或“个人”行为模式。就量子系统的测量而言，现代物理学的两大支柱为量子力学和相对论，测量量子系统的“波性和粒子性”，也被称为“量子和量化”测量，对应管理哲学中的“定性和定量”分析“集体与个体”特性：量子力学测量的是量子规律下的量子系统“波性”，对应哲学诠释的“定性”测量组织系统的“集体”行为特性；相对论测量的是经典规律下的量子化实体的“粒子性”行为，对应哲学诠释的“定量”测量独立的“个体”行为特性。

4. 存在与发展世界（实体）的双重性

综上，量子聚合性、量子叠加态、量子波粒二象性和量子不确定性以及“观察者”测量效应主要体现量子个体和量子集体组织的状态特性，哲学诠释主要对应“存在”层面；而量子跃迁、量子纠缠和量子涌现则主要体现量子集体系统或组织之间的关系及效应，哲学诠释主要对应“发展”层面。量子系统“可分并不等于可分割”的物质层次结构问题和“相互作用统一”的终极哲学问题，主要对应量子个体（粒子）和集体（共同体）组织相互“存在”的意义问题。量子叠加内如“波性或粒子性”不同叠加状态的量子信息属性边界问题和同一个量子系统应用“量子规律”或“经典规律”的边界选择问题，这里前者定义为组织“存在”状态的选择，而后者为量子系统测量中主要对应个体与集体行为“发展”的哲学问题。个体以实体形式存在，集体以虚拟形式发展；个体依靠集体发展，集体需要个体聚合。

5. 集体与个体行为（方式）的双重性

量子波粒二象性，即“粒子性”（以下用“1”代表显性或个性）与“波性”（以下用“0”代表隐性或共性），是量子叠加和在量子纠缠中相互作用力的两个基本特性。在量子集体组织或量子组织系统的哲学概念中，每个量子都是经典粒子的个体，有着自身确定的个体“粒子性”运动规律；而玻恩用波函数所诠释的“波性”是一种概率密度波，在这里“波性”所描述的是作为一种真实的物理波或量子场波存在的波，被定义为引导波或集体波。引导波或集体波包含经典粒子所有运动几率，是各类运动的加和，具有引导或影响经典粒子运动的行为的特点。然而在这里，在量子系统内，每个个体粒子都像量子人那样，将每个量子人的“粒子性”行为作为“个体粒子性”行为，而将量子人的“波性”行为作为“集体波性”行为并决定和引导“个体粒子性”行为。也就是说，系统内每个个体量子人的特性都具有双重性，包含两个部分：一部分是引领“个体粒子性”运作的“集体波性”，另一部分是被“集体波性”引导的、具有自身特色的“个体粒子性”；而“集体波性”则是全部“个体粒子性”的加和性和涌现性。

第二节　世界观：量子共同体思维的“三论”和“三观”

300多年来，牛顿物理学的科学思想——机械论、决定论和还原论奠定了继续研究自然科学和社会科学的整个认识论基础，在现代生活中，我们时时感受到牛顿式思维。然而，量子物理学从根本上改变了人类对宇宙物体和物质结构及其相互作用的认识，科学技术和生产力的进步又促进了量子产业的爆发，无疑给社会经济发展和组织的运营管理带来无限的可能。我们有统一的量子场论，但没有统一的量子管理哲学理论。本书尝试对比经典规律的“三论”，依据量子力学中的基本特性，即叠加态和相互作用力统一的量子场论、不确定性与“观察者”测量效应、不连续与跃迁，重新诠释并获得符合量子时代的世界观和认识论，并建立对应的管理原则或理念。

一、量子共同体与集体个体兼容

1. 量子共同体

经典物理学理论所构想的物理宇宙世界是这样的：万物是由最小的不可再分的原子构建的，原子与原子、物质与物质之间是相互独立的，按照直接简单的因果关联并线性运转，物质组织系统是个体原子之间的简单加总关系。真实的世界又是怎样的？外界观测的行为影响了世界的存在和发展方式，赋予了量子世界无限的场景想象和时空发展。外星文明和人类文明对世界的观测会诠释出不一样的世界观。即使是人类自身，从诠释宏观世界进步到诠释微观世界的运动规律，在不同时期对世界的认识也在不断进步。人类文明进入量子世界，是这样解释微观宇宙的：世界万物是由基本单元“波粒二象性”的基本粒子（统称为量子）所构建的，这些量子有自旋性和聚合性，量子与量子之间不是独立的，量子能量相互吸引并自主聚合形成各类物质，而构建的物质都可以看作一个量子场，这些场与场或物质与物质是互相渗透并且相互作用（即量子纠缠）的，并按照相互作用统一的内部秩序运转，量子的不确定性、量子间跨时空的纠缠以及量子场内的多层统一系统，代表量子组织系统“随机性和偶然性”的不确定、出现突变、涌现性以及可进化的趋势，从量子、元素、分子，再演化到各类物质，最终整个常见的世界物质体系就是统一的世界物质量子场。另外，在宏观世界里，世界万物同样是由量子构建的，万物之间的相互作用通过量子场（引力场）发生作用，而在宇宙量子场中，受天文物理学家“观察者”影响，人类所观察到的大部分天体都有固定的轨道，因此，常见的行星系都是圆盘形状即行星盘，于是一个个行星盘物质天体不断进行碰撞、裂解、吞噬或自由组合构成旋涡或新星体，成为行星系集群组织（即行星共同体）；在此基础上，再经过一步步深空探索和发现，从行星盘到球状星团，从恒星到星系，最终人们所观察到的宇宙系统成为多层统一的宇宙量子场。我们将多层统一的宇宙量子场称为宇宙共同体，亦可称为量子共同体。量子场的各种相互作用力的统一、能量守恒与转化规律控制，使整个宇宙量子场又朝着整体、统一及有序的共同体方向发展。正是宇宙量子场的不确定性、量子纠缠等特性构建出宇宙量子场的相互关联及复杂无序，这一时期，人类的宇宙依然处在不确定状态，宇宙量子场系统内发生各种星体的诞生和消亡，宇宙在不断膨胀。

量子世界里，从微观物质到宏观宇宙呈现出完整的结构层次：量子、原子、元素、分子、陨石、小行星、彗星、卫星、行星、恒星、星系、星系团、超星系团、超星系团复合体、宇宙长城以及全宇宙，构成了物质形态的多样性，并按多层次构建统一的宇宙，这就形成了多层统一的宇宙共同体。在宇宙共同体中，量子个体与各物质层级结构组织之间是兼容的。如宇宙共同体内有十几层的物质层次结构系统，量子个体就有十几种从小到大的物质平台状态叠加，而当观察者测量时，既可以选择小平台行星系，也可以选择大平台恒星系。

我们尝试用量子哲学的“共同体”理论诠释上述所讲的量子物理学界第一类问题：关于量子“可分并不等于可分割”的物质层次结构问题和“相互作用统一”的哲学问题。具体哲学诠释如下：整个宇宙共同体，是由多层次的物质量子系统构建的，在对宇宙共同体系统进行观察时，受到“观察者和环境”影响，观察者会根据自身能力和环境的变化选择不同层次结构的量子系统进行测量；每个量子纠缠系统是“可分并不等于可分割”的，即量子系统“可分”为量子个体和由个体构建的量子场系统，但二者“并不等于可分割”，即量子个体不可能脱离量子组织场而独立存在，而量子组织场由量子个体的全员组成；基本粒子的复杂量子纠缠关系对应物质量子场之间的引力相互作用关系，而“相互作用统一”的外在运行表现，就是星体相互围绕运转，构成一个个同心圆盘或运转球体，说明纠缠关系、相互作用并相互渗透，朝着作用力统一方向，构成个体与量子组织之间的同心力，称为量子共同体。同样，地球上不仅包括自然生物系统，也包括人类社会系统，由于人的社会属性而显示出自主聚合能力，形成细胞、器官、生物体、群体、社区、社会、国家及全球多个层次的生命系统，构成了物质和生命组织形态的多样性与统一性，形成多层统一的人类命运共同体（见图2-3）。人类社会是一个有机多层整体，人类彼此相互敏捷关联，能不断主动观察、适应和改造生存的自然环境，从而获得永续的发展。

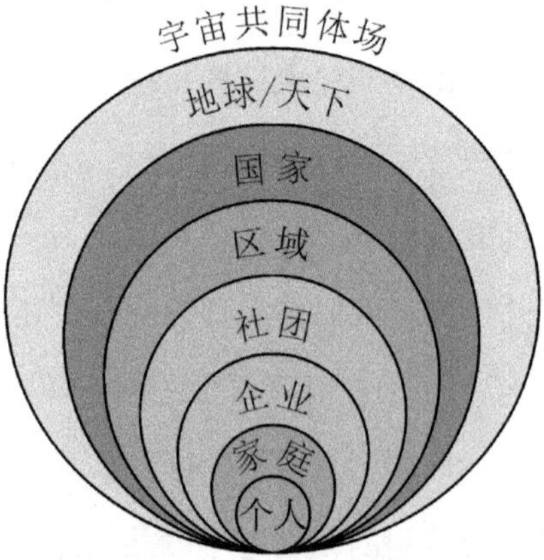

图2-3　共同体：人类叠加态与虚实量子场层次

在此，我们归纳出量子共同体有三大基本特征：多层整体、敏捷关联、永续发展。“多层整体”表示宇宙世界是一个有机的整体，需要从不同时空和跨时空跨层级的维度观察，同层同属性，跨层相关联，你中有我，我中有你，相互渗透，互根互存。“敏捷关联”表示层级与层级之间，个体与个体、集体与个体、集体与集体以及世界上的一切事物都处于相互纠缠、相互作用、相互制约之中，我们不能用片面或孤立的观点看待世界上的任何事物。“永续发展”表示世界是不确定的、动态的发展过程，过程中包含一个个我们所观察到的状态（所谓的结果），而状态也是过程中的状态；世界上没有永恒的事物，有生必有灭。

2. 集体个体兼容

在量子共同体如量子组织体系中，量子个体不能独立于量子组织而存在，并发挥受集体（波性）引导的个体（粒子性）作用力，而量子组织是所有量子个体复杂关系的总和，并引导所有量子个体的集体（波性）作用力，量子个体与量子组织共同存在，量子个体（粒子性）作用与集体（波性）作用形成“相互作用统一”，组织间彼此兼顾和作用力相互兼容，总称为集体个体兼容。具体诠释就是，量子个体的粒子性诠释为“个性或特性”，波性诠释为个体所属的集体“共性”；个体与个体、个体与集体或集体与集体之间，同样表现为“可分并不等于可分割”的量子叠加和纠缠关系，个体、集体之间是“可分”的，但二者“并不等于可分割”，即个体不可能脱离组织集体而独立存在，而集体需要个体的全员参与，但又不是简单的加和关系，要凸显“同心同德”的共同体特性；“相互作用统一”，表示个体与个体之间、个体与集体之间具有复杂的作用关系并相互渗透，个体（个性）作用力在集体（共性）作用力引导下发生作用，同时个体也要参与集体作用力并将“相互作用统一”构成合力，基于以上两点，个体与集体之间既彼此兼顾保持“相互关联”，又发挥“相互作用统一”（即作用力）统一兼容，真正的量子组织共同体形成了“组织个体兼顾”与“集体个体兼容”（“共性个性兼容”）的双重管理理念。如人类命运共同体内也有9种系统层次结构，而量子人个体就有多种组织系统平台状态叠加，可以成为社区居民，也可以属于城市市民，个人具有“居民”和“市民”身份的叠加，社区和城市为多层结构系统，个体与系统组织彼此兼容并构建城市共同体。从地球世界的角度看，国家是非定域的、无边界的，但从个人和家庭的地域管理或监测角度来看，国家被人为分割、划界（通过战争形式划分），又是定域的、有边界的，个人成为国民也是世界共同体内的地球人。因此，国家从非定域变为定域，个人具有国民和地球人的叠加态。东方的中国自古就将地球世界作为“大同世界”，将其视为共同体“天下”，人和自然的量子纠缠、和谐相处为理想状态，具有“天人合一”“天地人和”“道法自然”等人类与宇宙构建的共同体理念，同时具有“家国天下”的人类社会共同体情怀与“集体个体兼容”理念。在这里，我们认为，人体结构组织也是不同功能器官和组织构建的一种量子共同体（即量子组织系统）。因此，我们可将人类统称为量子人；两个量子人自组织构建的家庭，称为量子家庭；以量子家庭自组织为基本单元的人类社会，称为量子社会。最终，我们将由“受精卵”细胞、个人、家庭、国家和人类社会（天下），构建多层次的整体社会，人类社会是最大的量子场，场内的各个个体、各类组织不可能独善其身，而是相互作用、相互纠缠的，统称为人类命运共同体或量子共同体组织。量子共同体理念与东方“天地人和”“家国天下”的理念相近。

二、量子思维的“三论”与“三观”

综上所述，依据量子世界的宇宙共同体场，建立了量子共同体世界观，并树立了“集体个体兼容”或“团队个人兼顾”的存在理念，接着我们依据经典规律下的机械论、决定论、还原论经典思维，基于量子共同体具有的多层整体、敏捷关联、永续发展三大基本特征，来归纳、分析并描述量子科学规律中的量子特性所对应的量子哲学思维，即量子思维。

1. 统一论与多层整体观

按照经典规律的机械论，世界就是一台持续、均匀、准确地运行的机械钟，各个部分独立运作，彼此之间因作用力与反作用力而联结。在经典思维范式的世界观层面所体现的也是如此，如某集团组织内部各单位都是独立建制，各自为政，总部只是简单加总而已，无法呈现集团效应。量子思维的统一论，来源于量子规律的叠加态、量子间的相互自主聚合力的特性和统一场论以及量子纠缠整体系统的可分性与不可分性，更关注统一协调和一体化运作，强调各部分之间的相互关联和统一，同时关注量子个体部分与整体之间的关联。个体无法独立于整体而存在，整个宇宙就是相互叠加、相互作用的，是多样、多层统一的有机整体，体现“多层整体观”并被定义为宇宙共同体。整体与部分的关系表示为：整体不是部分的简单相加，而整体的各个部分也不是完全独立的，而是受到这个整体的内部结构和性质的影响。如剥开多层洋葱皮，直抵共同体文化的核心。人类社会也是各层级、各区域、各国家相互合作、相互影响，是多层统一的世界命运共同体。如1945年成立的联合国（UN），是在第二次世界大战后成立的一个由主权国家组成的政府间国际组织，其主要宗旨之一是维护国际和平与安全，现有亚洲、非洲、东欧及独联体国家、西欧、南美洲、北美洲、大洋洲的共计193个会员国、2个观察员国（梵蒂冈和巴勒斯坦），此外联合国还邀请国际组织、非政府组织、实体参与联合国事务，是世界命运共同体。1995年开始运作的世界贸易组织，是一个独立于联合国的永久性国际组织，有164个成员、24个观察员，职能是调解贸易纷争，为当代最重要的国际经济组织之一，是世界贸易共同体。2015年启动的“一带一路”倡议，是中国积极发展与亚欧非沿线国家的经济合作伙伴关系，遵守“共商、共建、共享”的基本原则，共同打造政治互信、经济融合、文化包容的利益共同体、命运共同体和责任共同体。

2. 不确定论与敏捷关联观

按照经典规律的决定论，一切因果关系都是简单直接的、确定的，事物的运行是可预见和可控的。量子思维的不确定论，来源于量子规律的“观察者”测量效应、“测不准”原理和不确定性以及量子纠缠，由于受到观察者主体经验、能力和状态的影响，加上客体本身的叠加态以及复杂的互为因果关系，主体、客体及环境是变化调整的，因而整个系统因复杂的量子纠缠关系、相互作用和相互渗透，是不确定的、模糊的、混沌的和处于相互关联的体系状态中，此阶段的管理决策是含糊性的，在相互关联、不确定的情况下，很难做出判断。只有等到观察者发现相对适宜的条件并有利于整体利益时，才会做出决定。在整个复杂量子系统中，主体应与客体和环境之间积极保持灵活多变、敏捷反应的关系，个体不可能独立于整体，复杂的关系和模糊的边界，产生许多可能性和不确定性而造就多物的世界，并同时建立观察者测量的优化机制，我们将这种建立敏捷关联反应体系的整个过程意识称为敏捷关联（体系）观。如联合国的预防性外交和其他预防性行动（如维和行动）等是促进国际和平与安全的重要体系内容之一，避免了许多将发生的战争。再如抗击新冠肺炎疫情，在网络化、国际化等不确定性以及互联互通的复杂环境下，树立敏捷关联（体系）观，建立安全的健康防护敏捷反应体系非常重要，而东方的中国在抗击新冠肺炎疫情共同体体系建设方面的表现尤其成功和突出，为世界树立了典范。

3. 涌现论与永续发展观

按照经典规律的还原论，关注过程的可逆性或还原分析，高级事物可以简单分解为低级事物，低级运动可以简单地复制加总出高级运动。如在提升管理效率中，劳动分工就是经典哲学的还原论行为策略，将生产过程分解为一个个简单的、独立的、可逆的、连续的、流水线性的工序，员工被“控制”在各岗位并按照固定的程序操作，在这样的流水线作业下，产品是确定的、人员是机械的，只是生产数量上的连续性的加和，部分之和即整体，组织管理效率很难出现创新和质变的涌现。量子思维的涌现论，来源于量子规律的不连续性、跃迁以及量子纠缠的整体互补特性。量子系统内，因多个要素发生量子纠缠，出现了系统组成前单个要素所不具有的性质，是在加和性基础上出现的生成性（非加和性），加和性与非加和性的统一，构建整体互补属性，同时发生“涌现性”。具体产生过程：量子是一份一份释放的、不连续的，系统在接受能量“受激激发”或“自发激发”等不同的相互激发后，统一协调并一体化运作，强调各部分之间的相互关联并统一，在微观主体演化的基础上，宏观系统在性能和机构上的突变，或量子组织状态产生不同的高低层间的跳跃式变化或新旧质性的转变即出现“跃迁”，出现“1+1＞2”的效果，就产生整体的涌现性。正是量子世界的多层整体观的“多层”性产生不均衡、非线性和差异性，从而使量子世界获得永续发展动力；也正是量子世界的敏捷关联观的“关联”产生边界模糊、关系复杂但又统一的整体，通过跨层、跨界、跃迁和纠缠，开辟许多发展的途径，涌现出色彩缤纷的物质世界。而根据量子场论等理论，世界由奇点产生，不断经历无序与有序的发展，宇宙世界依然在不断膨胀，过去、现在和未来发展都是彼此关联的，这是一个整体、全域、永续发展的过程。

共同体组织的涌现特性是组织内部的各个个体和集体部分原有特性中所不具有的，涌现性是系统非加和的属性（整体≠部分之和），亚里士多德的著名命题“整体大于部分之和”、古代思想家老子的“无中生有”论断与“整体小于部分之和”这样的整体与部分差值就是涌现。涌现是不可逆的、不可还原的，如人体生物是由各个器官组织综合为一体，各个器官组织是不可切割分离的，否则人就会面临死亡，就是不可复活的。量子思维的涌现论所体现的量子世界观，即依据外界环境的不确定性根源，利用组织受到外部环境能量的动力激发以及内部能量的自动力激发，以构建基于信任的个体能量加持和自组织的创新发展为原动力，并实现共同体组织“整体”效果大于部分“简单综合”的成果涌现。进一步来说，通过以创新发展为原动力，组织必须重视内外环境、文化氛围的营造和相互作用的影响，以获得发展变革的永续创新动力能量，从而实现组织的永续发展。如2020年突发的新冠肺炎疫情，是外界环境给人类带来的挑战，东方的中国及时将外来传输的新冠病毒风险信息转换为面对挑战的主动力，同时因具有内在“整体观”“命运共同体”所形成的文化机制，所以能迅速整体运作，聚合成立“抗击疫情共同体”并建立“敏捷关联（体系）”的安全防护网络，从而获得抗击新冠肺炎疫情的阶段性胜利；同样，西方部分国家在受到外界新冠病毒的挑战时，更多考虑经济发展的主动力，加上内在共同体文化的缺失，很难建立“敏捷关联”的防护体系，最终导致西方新冠病毒感染人数出现“涌现”，并形成“蝶变效应”，造成超千万人感染。

小结

综上，基于量子科学规律的各项量子特性与哲学存在及发展、集体和个体的诠释，由宇宙量子场理论对应产生“量子共同体”世界观和“集体个体兼容”原则理念的哲学诠释。对应经典思维的机械论、决定论、还原论三项原则，又基于量子共同体世界观的“多层整体、敏捷关联、永续发展”三大基本特征，建立了基于量子思维的“三论”和“三观”，即三项发展基本理论和三条管理观念。这三项发展基本理论就是统一论、不确定论、涌现论，三条管理观念是多层整体观、敏捷关联观、永续发展观。

第三节　方法论：量子二元互补哲学的三大规律

人类利用直觉观察与哲学的猜测性思辨认识自然规律，经历千年的发展和实践，人类对自然的认识提升从经验科学到经典物理又进一步发展到现代物理的量子科学。在观察、审视和理论认知构建的基础上，人类为了生存和发展，就必须学会开展实践以及学会利用和改造大自然的方法，即掌握具体方法论。经典物理和量子物理所遵循的衡量和管理的规律则相对不同：经典规律遵循的管理规则是“非此即彼”，衡量结果更多是确定的、现实的和独立的；而量子规律除了包含经典规律外，其衡量结果还是不确定的、潜在的和关联的，总体上是相对确定的。同样，通过借鉴现代物理学、量子力学和相对论，基于量子共同体思维的三大基本特征，我们将探寻量子二元互补哲学的规律并构建现代社会组织的衡量和管理方法。

一、二元互补统一

在量子物理学规律中，量子行为有两个重要的“诡异”特性，就是叠加态的“波粒二象性”和超远距的两个量子之间发生“量子纠缠”。其中，依据量子“波粒二象性”显示量子的“波性0”和“粒子性1”是互补的又是统一的整体，显示量子的双重性；“量子纠缠”则对应二元互补组织的量子0与量子1在发生纠缠后，发生的量子组织整体互补性，也就是当量子0显示波性时，量子1就会显示粒子性，反之则相反，但量子0和量子1又相互统一构建“01”双重性量子二元互补场或共同体，即最小量子场或自组织。因此，至少两个互补量子发生纠缠，构建两个量子比特四个比特位具有互补信息的共同体，称为二元互补共同体或量子自组织。如在我们的观念中手套是成双存在的，当只见到一只左手套时，就知道另一只手套不论在哪里都是右手套。在自然物质世界中，相反的南北两极能够构建一体的指南针，当一端指向南方时，就知道另一端一定是指向北方。又如，在人类社会最小的自组织组成中，女人0与男人1的两个互补量子人纠缠构建的量子自组织就成为量子家庭。量子“波粒二象性”和“量子纠缠”这几种“诡异”行为范式，尤其是“可分并不等于可分割”与“相互作用统一”的哲学解释，统称为量子哲学的“二元互补统一”法，即二元的双方既有互补差异又整体统一。另外，量子和量子组织本身都具有自旋性，意味着其具有量子跃迁的能力，如在量子组织运行管理中随着内外环境能量的吸引干扰，量子会发生自我完善、自我提升以及跃迁离散的现象。因而，“二元互补统一”既是动态的统一，即受内外环境互动影响而体现“波性”和“粒子性”聚合与离散以及相互转换的变化，又是具体的统一，即相对统一包含“波性”和“粒子性”矛盾双方“密度概率”的差异平衡变化，统一性往往伴随着互补性。二元互补统一以三观统一为基石，以波粒二性互补为平衡。

二、量子量化集成

马克思说，“哲学家们只是用不同的方式解释世界，问题在于改变世界”。科技研发如果只停留在哲学思维的层面，只会“解释”问题而不会“解决”问题，就是不完整的。就如物理科学家只有理论研究，没有实验验证和实践应用，则离成功还很远，物理理论必须能用数理方程进行计算测量和实验验证。在量子的真实世界里，既然量子特性“波粒二象性”行为测不准、不确定，人们又是如何对量子进行具体的衡量和理论应用的呢？

1.“量子量化集成”与“定性定量集成”

在现实世界中，我们是用牛顿力学和相对论等经典物理规律来描述物质的运动性质和规律，并假设物质是由不可分的原子构建的，物质之间是独立的，物质的运动是一个个独立的“粒子”运动，时空的假设由绝对的校准变为相对的校准，从而利用经典规律“定量”描述粒子运动规律，其测量结果是量化的、具有现实性的数值，即1就是1，2就是2。因此，人们利用经典规律解决了量子粒子的定量测量，即解决了物质的量化问题。而通过第一章第三节的内容，我们了解到，量子物理学家则是采用数学游戏规则，用量子力学方程式——薛定谔方程来统一测量量子行为的，并最终用这个方程的解——波函数，来描述量子出现在特定位置的几率幅即概率密度，波函数具有叠加性，于是就将量子世界的“波粒二象性”量子行为统一在同一个“波函数”定性解释中，比如描述成“电子云”。当量子系统被观察时即接收到观察者的意识能量，经过一次测量，波函数被选定一个确定的数值时，系统就不再处于“叠加态”即不具备无限的可能，而是会处于某一种“本征态”即只有一种可能性，这时就会出现“波函数”的“坍缩”。也就是说，波函数无法解决定量描述量子“粒子性”行为问题。此时，系统从“非定域”转换为与观察者同一“定域”，需要使用经典物理学规律取代“波函数”测量量子规律，才可获得一个确定的量化数值。其中，最为著名也最接近成功的玻姆力学方程可以解决量子规律的测量问题。而玻姆力学测量的方程有两个：一个是引导波在空间分布和传播的方程，即薛定谔方程，另一个是粒子在引导波的引导下的运动方程。总之，量子力学解决量子系统的“波性”测量过程定性（共性）问题，而经典力学解决量子行为的“粒子性”定量（个性或特性）测量问题，二者集成一体的方法总称为“定性定量集成”或“共性特性均衡”方法；由于量子系统测量是“量子态”测量，而经典粒子测量是“量子化”后的“量化”测量，故也称为“量子量化一体”测量方法，或称为“量子量化集成”。在宇宙观察中，通过测量量子场的强弱变化，人们寻找新的行星物质天体的存在及其演化发展；通过量子场或组织系统的“有序性”如“序参量”分析相变程度；在哲学管理层面，人们通过测评个人和组织的成熟度来分析组织的发展潜能。

2.“集体个体兼容”诠释“波函数坍缩”与“大统一”理论

量子系统具有“波粒二象性”，通过量子测量来反映量子波性信息和经典粒子性信息。在物理学界，引起很大争议的问题就是：量子测量过程中，从多态叠加的量子态到单一确定的经典态，如何区分量子信息与经典信息的边界并解决测量过程问题。对此，有哥本哈根诠释：一个量子系统的量子态可以用波函数代表一个观察者对量子系统所知道的且是概率性表述的全部信息；测量仪器是经典仪器，只能测量经典性质；根据对应原理，大尺度宏观系统的量子物理行为应该近似于经典行为；不可能在同一个观测中出现两种行为，即波动和粒子行为是二元对立的。哥本哈根诠释表示的“量子与经典粒子”边界含糊而对立。另外，计算机之父冯·诺伊曼关于波函数坍缩的诠释也备受关注。冯·诺伊曼的诠释把原本模糊的二元边界明确地表示为“物质与意识”对立，意识是存在于物质之外的那个神秘的“观察者”，因观察者意识导致“波函数坍缩”（见图2-4）。

图2-4　波函数坍缩

在这里，我们运用哲学思维方法，即“量子共同体”世界观、“集体个体兼容”的存在理念以及“二元互补统一”方法来分析假设并指导解决量子测量过程中出现的“波性与粒子性”对立或“波函数坍缩”问题。根据量子共同体理论的多层整体观，首先量子系统是不可独立存在的，一定与所在环境相互作用并构建共同体，量子系统不是孤立系统而是开放系统；此时的量子系统被看作量子场，将量子场进行“二次量子化”而成为一种物质实体，也是共同体内的一个实体的集体系统即量子自组织系统，并由最小的量子个体粒子构建此实体；当观察者测量量子系统内的量子行为时，波函数不再像玻恩所诠释的那样是一种概率波，而是作为一种真实的物理波存在，即所测量的是量子系统自组织的物质“集体波”（玻姆定义为引导波）。也就是说，在量子系统内，一个量子个体粒子的性质包含了两个部分：一部分是引导粒子运动的系统“集体波性”即“集体共性”，另一部分就是被“集体波”引导的、与经典粒子性质相近的自旋及“个体粒子性”即“个体特性”。再依据“二元互补统一”方法论，“集体波性”和“个体粒子性”是两种互补的性质并能共存叠加构建个体和系统的全面性质，而不必考虑不确定性或概率性，更不必在观察时发生“神秘”的坍缩。由此证明，哥本哈根诠释含糊了“个体粒子与集体系统”的边界并将“集体波性”和“个体粒子性”二者对立起来。哥本哈根诠释不认为波函数除了抽象的概念以外有任何真实的存在，即波函数是否是一个独立、可区别的实体的整体或一部分，哥本哈根诠释都不做任何表态。而量子共同体理论与哥本哈根诠释的根本区别在于，量子共同体理论确认波函数代表的是实体或实体的一部分，并独立存在于开放系统中。同样，可以判断冯·诺伊曼诠释混淆了“物质与意识”的边界，而波函数实际所测量的是量子系统和个体物质具有的“集体波性”，并不适合测量经典粒子的“个体粒子性”，也不是观察者意识的存在导致物质波性或粒子性的坍缩。至此，可以直白地对量子系统测量进行哲学层面的诠释：量子系统与经典粒子之间，不存在经典思维下的相互独立或模糊关系，二者之间是“共同体”关系，量子系统“集体”由经典粒子“个体”构建，经典粒子“个体”行为不能独立于量子系统“集体”，粒子个体与量子系统集体相互作用和相互渗透；在测量经典“个体粒子性”与量子“集体波性”时，应该考虑二者之间的互补统一性，在量子边界时，波函数测量过程描述的是量子系统和个体粒子具有的“集体波性”，在经典边界时就用经典运动方程测量“集体波性”引导下的“个体粒子性”，总称为“集体个体兼容”或“共性个性兼容”测量。进一步来说，对“大统一”理论作新的诠释如下：现代物理学的两大支柱是量子力学与相对论，其中量子力学定性测量微观量子系统的集体波性行为过程，而相对论定量测量个体宏观粒子性行为即量子化的量子场实体特性，从而解决自然科学系统中“确定不确定”之“量子量化集成”测量问题。量子共同体理论（对应物理学的量子场论），通过“集体个体兼容”或“量子量化集成”测量，描述了相对论只是测量宏观系统内量子化的粒子个体行为，而量子论更多是测量微观量子系统内量子的波性集体行为，通过不同圈层的观察和适宜测量，描述了不同的个体和系统，进一步诠释了广义相对论和量子论之间不是矛盾或对立的，而是“二元互补统一”的共同体关系，融合了量子论与相对论，实现了“大统一”理论的融合。

三、无序有序交互

牛顿物理学理论描述的实体世界非常简单，构建实体世界的系统是线性的、可预控的和孤立的，部分加和即构成整体，如蒸汽时代的机械设备，相互之间只是独立的拼接和带动关联，依靠摩擦产生链接，利用蒸汽产生驱动；进入电磁物理学理论阶段后，其系统相对比较复杂，如电力驱动汽车，各部件之间的作用力转换更加复杂，但整个组织系统的各个部分之间的作用或与外部环境之间的互动不会发生功能器质变化，依然是线性的、可预控的，是孤立的系统，自身不存在进化、不会发生自适应的深层变革。然而，19世纪的熵增热力学定律、细胞学说和进化论等理论的发现，彻底颠覆了形而上学自然观，人们对世界的认识更进一步，组织系统会发生不可逆的演化，生物系统会适应性随机进化，如热量从高温物体流向低温物体是不可逆的；又如达尔文基因突变描述的是物种的进化、变迁，中间都有突然变化，这是没有规律的、非线性的、不可控的。自然系统的演化有两个特定的方向，即进化与退化。进化，是指由无序到有序、由简单到复杂、从低级到高级不断向前进步的方向，如有机生物细胞就是从下到上、从“微观”细胞走向“宏观”有机体不断自发裂解生长；退化，则是指由有序到无序、由复杂到简单、从高级到低级不断退步的方向，如无机物体老化就是从上到下、从“宏观”走向“微观”整体不断向后分化降解。下文我们将从传统哲学层面诠释“进化与退化”，而这与组织系统维度的“有序与无序”、结构维度的“对称均衡与非对称均衡”以及关系维度的“线性与非线性”又有十分密切的关系。

宇宙的存在与起源、物质多样与演化的机制发生，凸显一个从无序到有序的演化过程。在量子世界观里，世界万物是由量子构建的，万物之间的相互作用是通过量子场发生的，量子的不确定性、量子间跨时空的纠缠以及量子场内的多层统一系统，造成整个量子场或物质系统的无序，代表量子组织系统“随机性和偶然性”的不确定、出现突变、涌现性以及可进化的趋势。为何布满星系而看似无序的宇宙，被天文物理学家描述为拥有许多圆盘形状或球状星团，而变成多层有序的宇宙？宇宙量子场是不确定的，而天文学家和物理学家们不断寻求宇宙中的特性差异，看重有序，追求有序，是因为有序代表合理性和前进性，并在一定程度上反映人们的价值观和审美观，所以一旦人类对无序宇宙中某个行星进行观察并寻找有序的运行规律，宇宙量子场中的行星系统就由不确定的无序状态被描述为有序的确定状态，大部分天体也有固定的轨道，而人类所观察到的行星系都是圆盘形状，被称为行星盘。此时，行星盘只不过是无序之中一处被人类臆想的犹如“结晶体”或“雪花体”的行星盘自组织，于是一个个行星盘自组织不断碰撞或自由组合构成旋涡，成为行星系集群组织即行星共同体；在此基础上，再经过一步步深空探索和发现，从行星盘到球状星团，从恒星到星系，人类最终观察到的宇宙成为多层统一的宇宙量子场或宇宙共同体。这一时期，人类的宇宙依然在不断膨胀并走向无序，宇宙量子场系统内发生各种星体的诞生和消亡（即各种星体经历了质变和量变的过程），而这对于整个宇宙来说是一个无序与有序的发展过程。对于人类宇宙（此指太阳系，人类飞行器还没有走出太阳系）的未来，在这里我们做一个大胆的设想，一旦人类宇宙受到外层更高级宇宙的影响或自身内部发生能量损耗进入质变毁灭，就有这两种可能：一种是向内塌陷，产生巨大的黑洞，变为“奇点”；另一种则是向外被撕裂，最终进一步裂解融入更大更遥远的高一级宇宙。当然，现今的人类宇宙依然统领着无数星系在有序运转，整个宇宙还相对比较年轻，处于膨胀发展时期。

由此可知，任何量子系统都是有序和无序的互补统一，有序和无序是可分而又不可分离的，有序的发生意味着系统内部的事物形成新的功能有序结构，即发生“质变量变交互”，生成新的自组织事物，新的自组织不断诞生、复制并有序集合或凝聚，从而导致量子系统进入更高层级的有序，整个有序无序交互是在同一系统内不断螺旋式上升的，最终从简单到复杂、从无序到有序、从低级到高级的不断进化和发展的过程，我们将量子系统状态的无序与有序交互，而整个系统有序存在和发展的总趋势是不断螺旋升级的规律法则，称为无序有序交互。中国古代道家“无中生有”（不确性中的确定）、“道生一，一生二，二生三，三生万物”的思想竟然得到了现代量子科学演化规律的解答。在这里，一个只有无序有序交互的量子系统，在系统内部将不断进行“质变量变交互”运动而形成任何量子分场或子系统即对应新的自组织，并始终保持新生事物的发生进化和旧事物的退化消亡，从而推动组织系统的不断进化和发展，它所反映的是量子系统事物不确定性或矛盾运动的进一步展开，所提示的是事物“曲折而发展”的道路和总趋势。如宇宙系统内的行星时空结构，并不是人们所见到的行星圆盘，实际上其空间结构更为复杂；一个人类受精卵在经过一定周期的孕期后，最后育成相当复杂的人体组织系统。当然，人们最担心的无序与有序演化状态是，新的有序结构形成不够量的积累而很难引起质变，又因受到外在环境的干扰，导致旧的组织已经崩溃或“四分五裂”，整个演化过程就处于混乱至暗的时期；或者在新的有序结构形成并进行量的积累过程中，受到旧的组织系统的强力干扰和打击，导致整个系统演化进程被延误或终止，系统依然维持传统的次序。如现代的新生儿出生时不够完美，就是受到各类因素的干扰。正是因为人类的主动创造性，人们在不断膨胀而无序的宇宙中寻找并创造有序结构，人类物质文明才日益发达并丰富了人们的日常生活；人类社会随着人口的暴增，经历了无数的朝代更迭、区域分合和各类组织不断诞生与消亡的过程，也从原始社会发展到了现代文明社会。

量子系统的无序（退化）有序（进化）演化，其系统内部一定发生了无数的“质变量变交互”运动，而“无序有序演化”一定是“质变量变交互”之源，当“质变量变交互”运动积累到一定程度，并最终导致整个量子系统从量变到质变，就会产生蝴蝶效应。如美国SpaceX公司经历过一次载人龙飞船爆炸事件，而爆炸的具体原因就是一个小的阀门故障没有及时得到监控，导致整个系统出现了一连串的“蝴蝶效应”，最终无法扭转无序状态的演变。总之，我们要在“无序”中筛选“有序”的创新进化迹象，在“有序”中监控“无序”的衰老退化乱象。如2020年6月，北京抗击新冠肺炎疫情进入阶段性的“有序”防控，西城区的“唐大爷”到医院进行新型冠状病毒核酸检测，结果呈阳性后，抗疫前线人员及时获得“无序”的反馈，并在新冠肺炎疫情流行病学调查询问和筛选过程中找到疫情的“突变”源头地，从而采取紧急措施及时阻止了一次疫情向“无序”演化的“蝴蝶效应”的发生，使整个抗疫系统得到进一步巩固和提升。

世界物质的量子场是多层统一的量子共同体，一个物质量子系统除了自身的实体部分（即运营主体层）外，还与所处的外部环境发生纠缠并被更大的区域系统（即环境开放层）所环绕。这个环境开放层是无序的，但又是有序的，它比量子系统组织运营主体层本身更大，属更高层级的有序组织系统。如整个地球行星系统围绕恒星太阳周期性旋转，整个太阳系为地球所处环境，地球就是整个太阳系量子场的分场即量子自组织，而地球所处环境从表面上看，好像是浩瀚无边、完全无序的宇宙量子场，实际上是“有序”的太阳系量子场，是一种更高层级的太阳系“共同体”的组织场系统，并在这个场系统内会有行星诞生和消亡；如果涉及更远量子纠缠和宇宙量子场相互作用，地球和太阳系又同样与“有序”的银河星系相互作用，并同样会有新的恒星诞生和消亡，整个宇宙就是一个表面无序实际有序的、多层次的“无序有序交互”或“质变量变交互”的共同体。因此，对应量子共同体多层整体性，世界物质的演化不是传统的单层次和固定周期的无序到有序的简单演化，而是一种跨越时空演化的历史过程，具有跨越大小层以及多层次的规律性，凸显演化跨越时空和分层结构的复杂性，这种演化具有“随机性和偶然性”。如东方的中国文明就是一个跨越5000年时空和具有多层文化结构并“天人合一”的文明共同体，是世界上唯一没有断层并保留至今的恒久文明，凸显了东方文明的包容、开放、韧性和极强的自适应能力。一个处于绝对均衡和对称性稳定状态、静态的组织系统，或一个绝对“无序”、无法找到突变点或差异性的组织系统，都缺乏演化的动力之源，如一潭“死”水是一种静止的“无序”，养不活鱼，更不用谈生物的进化；或者一个四分五裂即“无序”的、即将衰亡的组织系统，也是无法挽救的。有序演化的动力来源于量子组织系统无序、均衡和对称性状态被打破，即量子组织系统内的不确定性、非均衡性、差异性以及非线性关系的存在，是系统结构有序化的动力之源，是一切组织演化发展的基本前提和应具有的基础势能，也是宇宙演化发展的终极原因。我们对系统内要尊重差异性、对系统外要拥抱不确定性，这是量子组织系统产生发展动力的基本法则。

量子组织既具有对称性统一结构，又呈现多层次的非均衡性，加上系统内和系统间（场间的相互作用）发生的量子纠缠相互作用具有的“互补统一”规律性，就是一种“无序中的有序”、无序与有序的“二元互补统一”结构，可以统称为非均衡有序量子组织系统结构。因此，量子组织系统结构的“无序有序交互”是组织演化、跃迁、突变或涌现的动力之源。而量子组织无序化或有序化定性、定量、参量测量，我们称之为自组织成熟度或有序度。不同物质系统恒量的有序度不同，如热力学定律用“熵增”表示无序增加有序减少，封闭的系统朝着无序熵增方向发展，通过“熵减”提升有序、抵抗“熵增”。天体的演化、地球的变迁、物质的构成、生命的进化、社会的发展，可以说就是一个从完全均衡对称到对称性均衡逐步丧失、非均衡对称性逐步形成的过程，也是一个从无序到有序、从低层级到高层级的演化发展过程。如人体的生育过程就是从一颗对称性的“受精卵”经过一定发育周期的不断对称性分化或演化，即经历非均衡对称性逐步形成的过程，最终形成了非常复杂的人体结构组织。其中，人体组织的发育周期受到内外环境的影响是周期性表示可确定而不确定的，人体组织完形同样受到各种内外环境因素干扰，会出现一定的缺失或畸形，即人体组织差异性的呈现是统一而又不统一的。整个人体的诞生和死亡，就是一个无序与有序交互演化、无机（物）与有机（物）交互生存抗争的过程，因为无序递增（熵增）而逐渐衰老退化的必然性，生命体不断地由有序走向无序，最终不可逆地走向老化死亡。而生命的意义不仅在于具有走向更高级有序并抵抗人体自身无序发展（熵增）的衰老的能力，还在于能在人生事业中主动寻找突破点来创造新的有序物质。

小结

围绕解决量子科学中“物质多层结构与作用力统一”和“量子规律与经典规律应用边界选择”这两个基本问题，基于量子特性和哲学存在与发展、集体和个体的诠释，由宇宙量子场理论对应产生“量子共同体”概念和量子共同体的多层整体、敏捷关联、永续发展三大基本特征，并创建了“集体个体兼容”理念的量子共同体理论。在量子共同体理论的基础上，不同于经典思维的机械论、决定论、还原论三项原则，建立了量子思维的“三论”和“三观”，即“统一论、不确定论、涌现论”和“多层整体观、敏捷关联观、永续发展观”。然后在量子共同体理论和量子思维构建的基础上，结合利用自然和改造自然的实践经验，区别于哥本哈根诠释对

“个体粒子和系统”的含糊诠释，最终形成了量子二元互补哲学的“三大规律”，即“二元互补统一、量子量化集成、无序有序交互”三大规律。在构建该体系的过程中，形成了几个基本概念，通过量子共同体思维，诠释了量子科学规律的两个基本哲学问题，进一步诠释了“波函数坍缩”并完善了哥本哈根诠释，同时诠释了广义相对论和量子论之间的“互补统一”关系以及融合“大统一”理论。总之，这是综合了人类近300年来的科学与哲学的思想成就，经典科学规律与量子科学规律在哲学领域的又一次融合统一，为人类存在和发展规律的完整性添砖加瓦，是人类科学智慧共同体的结晶。

第三章　量子哲学与科学实践

第一节　量子源泉：科学存在和哲学思维的未来

量子共同体哲学或量子系统哲学（简称“量子哲学”）是依托现有哲学思维，围绕解决量子科学的“两个基本问题”，对量子基本特性、量子力学、量子场论和相对论以及牛顿经典力学实践进行新的哲学诠释，从而获得量子共同体概念和三个基本特征，以及量子共同体理论的“三论”“三观”和量子二元互补哲学（辩证法）的“三大规律”等基本内容。量子共同体理论和量子辩证法以及自然科学和社会科学的实践内容，共同构建了量子共同体哲学体系。量子哲学和量子科学是一个携手并进的共同体，解决人自身与外在万物世界之间二元共同体的两个层面与三重关系的问题。

一、量子共同体哲学的意义

其一，能够全面、多角度、动态发展地看待外界事物，充分考虑事物的过去、当下和未来以及对应的多层叠加量子共同体体系。量子共同体充分说明，事物是多层叠加的统一体，既要回看事物的历史发展层级和节点，也要及时把控事物在当下多层级平台上的定位，更要谋略和创新开拓事物无限可能的未来。站在不同观察者的角度，共同体的多层定义就会不同。整个世界就是各层级相互叠加、相互作用，是多样、多层统一的有机整体，体现“多层整体性”。如剥开多层洋葱皮，直抵共同体文化核心。

其二，充分认识世界上的一切事物都处于相互影响、相互作用、相互制约之中，个体不可能独立于整体之外，培育管理者全面、多层次、敏捷的量子系统思维；相互纠缠的体系产生模糊的边界和复杂的关系，通过跨时空、跨层界发生跃迁和纠缠，从而获得许多发展的途径，由不确定性产生许多可能性。通过掌握量子共同体哲学的多层整体观、敏捷关联观，能系统化开展自然科学研究和社会组织管理；同时保证信息的全面、反馈的及时，避免在应对多变复杂、不确定性的内外环境时，如在科研、医疗等实践管理中，出现顾此失彼、患得患失的现象，及时阻止极端和突发事件的发生。

其三，正确认识这个世界，无论有多少不确定性，无论世界的层级有多少，我们都要用发展的眼光看待这个世界，都要从中获得向前发展的无限动力；尽管有死亡、有破坏、有低潮、会产生无序，也不要泄气和放弃，因为这只是过程，决定结果和状态的是自己的勤奋和不懈奋斗，何况在量子世界里一切皆有可能或超乎想象；成功需要动力，道路是曲折的，而发展需要持续不断的积累，过去、现在和未来的发展都是彼此关联的，需要经历循序渐进的过程，任何依靠一时的努力或投机取巧就轻松获得成功的想法，都是不切实际的。这就是量子共同体的“永续发展观”能够教会我们的。

其四，提高个人辩证思维能力，掌握二元互补法的实质和核心，克服思想上的极端化、情绪化，加强工作的协作性、系统性，构建个人科学的思想方法和工作方法。应用量子二元互补法，认清个体行为不是孤立的，个体与世界构成二元互补共同体，而二元构成的要素是由组织存在的意义或目的决定的，不同的意义或不同的管理目的有不同的互补二元。明确二元之间主要是互补统一关系，强调你中有我、我中有你、和谐共存。透过不确定、复杂现象，寻找个体自我的价值，量子个人是叠加态身份，既是“观察者”也是“参与者”，观测并不是旁观、毫无作为，而是为了更好地主动参与（被动也是一种主动），实现主体与世界客体的协调发展。

其五，运用“量子量化集成”哲学思维去检查社会发展中具体衡量和管理中的实际问题，从而树立实事求是的科学态度、发现问题的内在本质并明晰其价值和意义。这项理论在科学实践和社会管理诊断中有较强的实用性。要充分认识到，面对不确定的、复杂的环境，组织和个体树立确定的目标参与运营，就一定会产生相应的结果，但目标与结果不存在确定的因果关系，组织的行动可能无法达到它所预期的结果。避免片面追求管理结果，既要防止唯心的“观测”结果，也要杜绝形而上的结论，彼此建立“真诚”，“实事求是”并“科学对待”观测结果。学会将关注结果的重心，均衡调整到把握事物的量子系统动态发展过程，并检测个体和集体单个指标运营结果的均衡性。将考核重点转移到量子个体和自组织的成熟度，通过培育赋能和集体协作能力提升，激发未来发展潜能。如SpaceX公司的马斯克将每次猎鹰火箭实验发射失败，看作是成功获得科学数据和实践经验的“试错”方法，并鼓励工程师们继续前行。

其六，积极认识事物的“无序和有序”的变化规律，可以启发主体的主动创新思维，把握事物变革和可持续发展的机会。避免在无序中出现恐慌而错失机遇，也要避免在吃“大锅饭”、大搞平均主义的“有序”中出现安逸懒散而迷失或失能。从有序中，对内不断寻求差异、对外拥抱不确定性，制造“无序”挑战，从而掌握量子组织系统创新发展的动力源泉。从有序与无序交互中，学会寻找“转折”节点，培养果敢行动的习惯、把握“临门一脚”的突破机会；同时，防止急于求成、极端偏激的思维，任何的极端有序或无序都会导致分裂或塌陷，因此要培育底线思维能力。总之，量子共同体理论提供了事物发展的三大规律和系统的量子思维方法，使人更容易受到启发，掌握事物发展的规律、状态，并找到解决问题的新途径、新方法。能促使人们考虑问题的多层整体性、二元互补性、发展交互性，进而思索出新的解决问题的方法，如形成科学精神与人文精神、一元论与多元论、建构与解构等思维模式或思路差异互补的二元。

二、量子共同体哲学体系与现代科学体系

120多年来，量子物理学的科学发展思想，既改变了人类对宇宙世界的看法，也深刻改变了人类的生活，促进了社会现代化的迅猛发展。但在不确定时代，世界治理和发展思维依然保留部分牛顿时代的管理文化和思维习惯，一边是量子科学的发展带动社会经济高速发展，一边是经典的思维治理体系滞后和不适应量子科学时代的节奏，这具体表现为哲学与科学的疏离，当代哲学思维与现代科技的相互独立、相互隔阂。思想家对量子

的特性依然充满好奇、疑惑，且毫无头绪，认为量子似乎“高”不可攀，离现代量子科学规律自然更加遥远；而专心寻求量子科学突破和发现的科学家也没有时间研究人文思想，因而鲜有人携手量子科学完善传统经典哲学体系并构建现代量子哲学体系。量子共同体哲学体系的构建无疑开辟了诠释量子科学的另一种思路。

爱因斯坦说：“哲学可以被认为是全部科学之母。”物理学家戴维·玻姆发现量子过程和人的思想过程极为相似，他说，“世界上所有的问题都是思维问题”。科学与哲学是携手并进的。借鉴人类社会科学哲学“生存与发展”理念对量子科学“存在和演化”进行新的诠释，而获得量子科学哲学的突破。运用新的量子科学哲学，又可以推动量子科学和社会更进一步发展。

诠释量子科学两个基本问题　运用量子共同体哲学体系，能相对适宜地诠释量子力学创立120多年来困扰量子物理学家的两个基本问题，即量子“物质多层结构与作用力统一”和“量子规律与经典规律应用边界选择”问题，同时指出了在“波函数坍缩”诠释中，无论是哥本哈根诠释的“边界含糊而对立”，还是冯·诺伊曼的“物质与意识对立”都曲解了其内涵，并进一步诠释了广义相对论和量子论之间的“互补统一”关系。运用量子共同体哲学体系，可以进一步解释，为何包括爱因斯坦在内的许多物理学家无法诠释量子二元叠加的“奇特”特性和超距纠缠的“诡异”行为。其主要原因之一是，牛顿原子论对物理学家思维影响深刻，原子行为都是孤立的、确定的和因果关联的个体行为，很难令科学家从集体意识或共同体哲学角度思维，科学家们自然无法理解量子的集体引导行为。最接近成功解决量子规律测量问题的玻姆力学方程之所以得不到大多数物理学家的响应和支持而受到冷落，原因之一就是玻姆力学方程描述的粒子是在另一种作用力即引导波的引导下的量子的集体行为，与原子论的粒子都是孤立运动的基本理念相悖。

融合量子论和相对论 通过量子共同体哲学体系的多层整体观，可以认识到，宏观与微观是相对的，地球或太阳系相对于浩瀚无边的宇宙，同样是一个基本粒子并具有量子特性；“量子力学与相对论”的应用边界是含糊的也是二元互补的，由观察者参与并由共同体共同目标决定，它们的目标不同、测量不同，量子力学测量的是量子集体与个体量化集成，相对论是量子场论的量子量化论，也是一种方法论；人类的社会规律主动性地自适应自然规律，并永续发展。在有机共同体中，原子、分子、基因、蛋白质、细胞、器官、生物体、群体、社区、社会、国家及全球多个层次的生命系统，构成了物质和生命组织形态的多样性与统一性，形成多层统一的生命共同体；在无机共同体中，原子元素、分子、陨石、小行星、彗星、卫星、行星、恒星、星系、星系团、超星系团、超星系团复合体、宇宙长城以及全宇宙，构成了物质形态的多样性，并按多层次构建统一的宇宙，形成了多层统一的宇宙共同体。对宏观系统的“极大”，应用的是量化的相对论；对微观系统的“极小”，应用的是量子论或量子化的经典理论；对极为复杂的系统，从宏观的有机生物到微观的单体细胞乃至分子、原子，同样存在量子量化集成。无论“极小”与“极大”还是“极为复杂”，都是相对的、互补统一的个体与集体的融合，而量子共同体理论的诠释从更高的角度融合了量子论和相对论。至此，从宏观到微观，从无机到有机，从人类到自然万物，遵循“有机—无机—量子—无机—有机”的永续发展，其中量子是中间基础介质，世界万物的来源基于量子共同体源泉。

科学与哲学融合的未来　正是量子科学的诞生和发展，造就现代科学各体系的大放异彩，迎来了人类知识经济的大爆发，人类创造的新的知识体系越来越多。人类近30年来的科学知识成果比过去2000年的还要多得多。20世纪90年代，科学知识是每年增加一倍，知识的暴增，近乎进入一个“无序”的混杂状态。然而，我们的课程教育和管理学科体系从100多年前到现在，基本上依然沿用牛顿经典时代的主要知识和思维体系。量子时代，量子科学理论似乎“高”不可攀（高能物理和宇宙天体物理），神秘不可测，很难进入。科学研究从“简单到复杂”，各学科发展经历了“综合—分科—交叉—复杂—再综合”的过程，是时候综合统一现代科学体系的科学文化和思维精髓了。科学的人文，量子科学是万物之源泉，人们需要寻找自然科学体系的量子根基思维理论，构建量子哲学思维体系；人文的科学，量子共同体哲学思维有助于从“无序”的现代科学体系中构建出“有序”的量子科学大综合体系。

三、“李约瑟难题”与“钱学森之问”

英国学者李约瑟在1954年出版的《中国科学技术史》中曾问：为什么近代自然科学只能起源于西欧，而不是中国或其他文明？这就是著名的“李约瑟难题”。李约瑟关于中国科技停滞的思考，引发了社会各界的关注和讨论。2005年，我国著名物理学家钱学森发问：为什么我们的学校总是培养不出杰出人才？这就是著名的“钱学森之问”。“钱学森之问”与“李约瑟难题”一脉相承，都是对中国科学的关怀。李约瑟开创了用中西方比较方法研究中国科技史的先河，而钱学森之问是关于中国教育事业发展与科技创造人才培育的教育命题，钱学森在晚年研究哲学思想，并创造性地提出了集古今中外智慧之大成的“大成智慧学”。在本书随后的东西方文明比较中，会涉及以上相关话题的讨论。这里，仅从量子共同体哲学和科学思维方法来探讨东西方个体思维的异同。

东方的集体量子思维　通过量子共同体哲学体系的分析过程，结合东方根文化即表意文字，不难得出东方思维是多层整体性和相对感性的模糊、不确定的思维，比较重视实践，因缺失量化思维，边界相对比较模糊，只是宏观层面的定性，主要通过集体协作、历史积累归纳和经验传承获得知识，知识难以复制和迁移，个体主动创新性原动力不足，发展相对较慢，被称作东方集体量子思维。如东方的诗与画是一体创作的，画技没有几何透视，布局强调整体性，内容多是描述场景的人文意境；西方的画作，就采用几何透视，总体布局聚焦个体，而且内容多为写实的。

西方的个体量化思维　西方思维更多受到牛顿思维的影响，是独立个体、单向性、因果关联和相对理性的（定量）量化思维，比较重视抽象理论假设，知识是量化而具体的并可快捷复制和迁移，通过实验验证和逻辑演绎以及因果关联获得知识，尤其强调个体独立持久的创新能力，属于一种牛顿式、经典原子式的思维，被称作西方个体量化思维。

随着中国改革开放的深入，东方的集体量子思维在不断科学化调整并重视个体量化思维，个体的自由思想得到释放，创造力思维也稳步提升。2009年，中国启动实施培养基础学科拔尖创新人才等试验计划，既重视基础性人才的培育，加强最基础的数理等科学基本原理和哲学思维学习，也积极扶持各个项目拔尖创新团队自组织的创建。经过多年的努力，中国科技创新能力迅速提升，出现了“大众创业，万众创新”的格局，中国的创造力正逐步爆发出来，量子通信、航天科技等多项前沿科技已经走在世界前列。

牛顿经典原子思维时代，西方思想从感性到理性，讲究个体思想的自由，学习和运用的哲学、天文学、物理和数学等基础学科是综合统一的，因而历史上的科学巨匠多是百科全书式的“全才”，以往的经典科学复杂性相对较低，大多凭借科学家个人的创造力量就可以统一并创立一门学科，如爱因斯坦创立相对论。但到了20世纪，量子科学时代的不确定性、复杂性大大加强并远超经典科学时代，使科学制度化、专业化和集约化的程度大大提高，既要个体人才创新力强，也要团队合作来加强创造力，许多科技研发需要科学家个体与团队的共同努力，如量子场论的诞生不是靠普朗克一人完成的，而是几十位科学家和思想家多方向、多角度研究才有的结果；到了21世纪，如黑洞照片，是全球诸多领域200名科研人员，历时10多年，在四大洲8个高海拔观测点，协同观测获得的影像，是全球科学家集体智慧的结晶。因此，科学与哲学携手共建科学-哲学共同体，促进了人类科技和社会经济的无限发展。

21世纪，面对量子科技第二次革命，现代科学体系走向大综合体系，科技人才的培育同样从历史深度和现代前沿广度出发培养大综合科研人才。然而，不仅仅是培养“综合型”量子全息科研人才个体，更应该是东西方的哲学家和科学家携手并进，构建科学-哲学共同体，通过量子时代的集体合作与个体突破兼顾，引领量子科学和量子哲学蓬勃发展。

第二节　量子科学、量子经济学、东方经济学

一、量子科学

量子科学就是涵盖微观与宏观相互演化的科学，是强调量子科技应用于各学科领域的一门综合性学科。量子科学的发展，不仅引发了自然科学界各体系的诞生和变革，而且日益渗透到哲学、经济学等人文社会科学领域。20世纪80年代兴起的混沌理论和复杂性系统科学，是在批评前期理论的基础上，进行的理论完善和延伸，因其牛顿式经典思维范式的“根基”没有改变，自然摆脱不了用复杂思维解决复杂系统问题的困局，致使管理理论变得越来越混沌、无序。真正有潜力的科学理论应当像爱因斯坦的相对论那样，把牛顿力学作为近似包括在新体系之内，而不是简单地否定已有实验基础的旧理论。量子科学建立在经典场论与量子场论之上，建立在对量子理论新的诠释思维的突破和创新的基础上。

量子共同体理论和量子二元互补法，从某种意义上甚至可以说，给量子科学带来的是一场方法论或思维方式的变革，融合了诠释孤立系统的熵增定律和开放系统的耗散结构理论以及混沌理论。如耗散结构与共同体结构都是开放的系统，但不同于经典的独立耗散结构系统，量子共同体结构系统具有多层叠加、集体涌现效应。从量子二元互补方法来讲，量子与能量的聚合效应、量子场论和量子共同体理论，既是开放的系统，又相互参与和互为环境，既协同互联，又表现结果的不确定性，涉及的研究对象主

要是各类物质场，从微观最小的二元量子纠缠组织到宇宙天体组织，以及由无序走向有序、由低级有序走向高级有序的生命系统、社会系统；“量子自组织理论”“无序有序交互理论”日益成为微观体系和宏观体系的通用模式，解释和解决诸如非线性、自组织、涌现和创新等问题，既运用“自上而下”的指导路线，又采取“自下而上”的研究路线，包括耗散结构理论、协同学、超循环理论、突变论、混沌理论、分形理论和元胞自动机理论等均属于量了自组织模式，同样涵盖复杂适应系统理论；属于量子自组织模式；量子与能量的聚合效应、量子场论和量子共同体理论，既是开放的系统，又相互参与和互为环境，既协同互联，又表现出结果的不确定性：涉及的研究对象主要是各类物质场，从微观最小的二元量子纠缠组织到宇宙天体系统，以及由无序走向有序、由低级有序走向高级有序的生命系统、社会系统；“量子量化集成理论”是一种兼具质性思考与量化分析的方法，处理个体与集体之间的非线性关系，基于量子力学和相对论理论，参考量子场物理数理方程，相应建模，用来探讨动态系统中（如社会行为、化学反应、气象变化等）必须用连续、整体的而不是单一的数据关系才能加以解释和预测的行为，同时又融合定域、定时、线性经典统计方法。可以说，21世纪将是量子科学的时代。

二、量子经济学

量子经济学与量子科学研究密不可分，量子经济学建构在量子科学的根基之上。当代经济学已经进入量子经济学时代。量子经济学是专门研究、揭示经济事物运行规律的科学。其基本观点主要包括参考量子物理学的概念、理论和数理方法，基于相应的经济学模型，同样可获得相应的概率统计数；对经济事物质变规律的研究与揭示由“量子量化集成理论”来完成，用量子理论指导宏观经济学，用量子量化集成理论指导微观经济学，既包括微观经济学、宏观经济学、计量经济学，也涵盖传统经济学。1995年，斯坦利倡议发展“经济物理”，许多物理学家和应用数学家用非平衡的统计方法研究经济数据，发现了涌现、相变、网络等非均衡机制的案例。1997年，诺贝尔经济学奖得主迈伦·斯科尔斯建立了股市期权定价模型，开创“量子经济学”的先河。随后全球博弈论领域的著名人士斯蒂芬·查尔以“量子经济学”为理论基础，推演出全球最前沿的“量子经济学”模式。1998年，卡里尔·伊林斯基用量子场论的方法来描述金融市场，将金融市场描述为由投资组合构成的“金融场”，而金融行为被当作这个场中的运动。由于量子模型在逻辑上比随机模型具有更强的普适性，量子模型有望能更好地揭示市场的金融含义。以下，通过一个表格（见表3–1），对比当代主要的西方经济学、东方经济学与量子经济学的经济学模式。

表3–1　东西方传统经济学与量子经济学比较

维度	西方经济学	东方经济学	量子经济学
思维	自由个体、牛顿原子式	易经二元整体，马克思主义哲学	个体与集体，量子共同体科学
文化	博弈和管控	个体竞争，和谐与合作（和合）	竞争（自我）、和合（组织）
单元	经济人	个体民营、外资、公有等多元经济体	二元互补自组织、经济场
关联	经济圈隔绝，规则机制约束	植根于环境，重视义理关系	开放并内嵌于环境，协同互联
存在	边界清晰	混合、边界模糊	边界灵活、多层共同体

续表

维度	西方经济学	东方经济学	量子经济学
决策	由下到上，理性设计	由上到下协同，由下到上实践	上下结合
管控	量化经济数据；严守规则	以思想行政管理、公有管控为主；相对能有组织地管理突发事件	量子与量化数理统计；促进差异、拥抱变化
发展	重效益，杜绝个体违规	管控经济风险与稳中求进	价值创造、超常规有序发展

西方经济学强调个体自由经济，代表人物有19世纪上半叶的法国经济学家萨伊。西方经济学被马克思认为是“庸俗经济学”。但马克思主义政治经济学则被西方认为过于激进，走向另一个“唯物”极端。现代的东方经济学以马克思主义政治经济学为指导，结合自身文化发展特色并借鉴了西方市场经济学，比较接近量子经济学范式。然而，资本与物质都有量子的能量聚合性效应，人与人喜欢聚集，构建社团、社区和社会，因此，不同历史时期和不同社会组织都会因人的欲望聚集，在社会经济领域出现物质和资本的垄断现象。比如，西方的物质和资本市场是完全自由开放的，不仅出现如国际资本集团对铁矿石、石油等基础性能量物质的垄断控制，而且相对容易出现资本泡沫无节制的泛滥。资源的无序会带来环境危机，资本的无序会带来经济危机。进入量子时代，需要东方与西方的融合，建立集体与个体、量子与量化兼顾的共同体意识，发展量子经济共同体模式。构建量子经济学范式是一种创新尝试。

三、东方经济学

相对西方经济学，东方经济学模式更为接近量子经济学。古代东方中国受“易经”等传统文化“变革与适应”“变与不变”“无为与有为”等思想精髓影响，基本遵从经济规律发展线，以皇家工坊控制经济命脉，带动星罗棋布的家庭小作坊，形成“工坊与作坊”即“工作”互补协同模式，构建东方生态商业经济场，并拓展了陆地和海上区域“丝绸”贸易之路，从而带来东方中国千年的经济繁荣。

进入19世纪中期，由于百年来受到外来侵扰和自身封闭，东方中国的经济模式非常混乱，直到20世纪中期才确定社会主义经济发展模式，才步入结合国情不断调整、变革和自适应发展时期。改革开放初期，东方中国建立先行先试的经济发展试验区（享有经济自由特权的自组织，称“特区”），如1980年的深圳经济特区建设，接受中国香港以及国际经济区域场的先进生产技术与资本能量的辐射，促使深圳经济特区经济场处于前沿开放的“有序”激发态，加上全国各省区进行不断的协同互联与支持，从而带来深圳经济特区40多年的高速发展，凸显了东方中国经济的发展奇迹。东方中国不断加大开放合作步伐，不断扩大经济场，坚持市场经济以及二元互补法则。进入21世纪，东方中国继续加大开放力度，并不断与外界交互，如加入WTO，创立上海自由贸易试验区、雄安新区，以及提出“一带一路”倡议等。东方经济学模式，由上到下总体把控并具有多层共同体、协同互联、持续创新等特点，在具体操作和执行上，则由下到上地充分发挥示范区的开放和“自由特权”，自由组合创新，不断摸索学习，不断试验创新，再不断总结交流和制定制度规范；有领导顶层的总体把控，也有组织的理性设计，更有来自个体的感性认知，多方、多维协同合力以构建共同体的规范，从无序到有序，最终实现东方中国整体经济的跃迁。

第三节　量子文明：东方文明与西方文明的交汇

人类诞生在地球上，是地球文明催生了人类和自然万物。地球的个性文明，又来自宇宙的文化与文明，我们人类既是量子世界共同体也是宇宙共同体。

一、量子文化与量子文明

根据量子共同体理论，我们了解量子人和量子组织的概念。如何区分不同的量子人和量子组织的文化和文明属性？在量子世界观里，人是地球的观察者也是参与者，因此，可以借鉴传统的人类文化和文明定义来区分不同的量子人和量子组织的文化和文明属性。文化的内容是指人类征服自然、社会及人类自身的活动、过程和结果等多方面内容的总和，其中既包括优秀成果，也包括糟粕，既有有益于人类的内容，也有不利于人类的因素；文化的表现形态是动态的、渐进的、不间断的发展过程并贯穿于人类生存的始终。文明的内容主要是指文化成果中的精华部分，并和某种价值观相联系，主要表现形态是文化的积极成果和进步方面；人类在文明社会之前便已产生原始文化，文明则是人类文化发展到一定阶段之后诞生的，其表现形态则是相对稳定的、静态的、跳跃式的发展过程。从文化和文明的定义区分，文化是连续的，包含过程和结果，描述的是量子组织波的集体属性，而文明则是相对稳定的、静态的、跳跃式的，是文化过程阶段的结果，描述的是量子化的基本粒子的个体属性。

在宇宙共同体中，地球属于宇宙界的量子组织；地球是整个人类量子共同体的生存和发展平台，整个人类也可以看作是一个量子组织。在此，也把整个人类量子共同体称为量子共同体组织。地球文化积累已经超过40亿年，但地球人类的文明史，开始于文字的发明，在时间上最早不过七八千年。人类文明可以分为两种，一种是世界性的，属于量子集体共性；一种是区域性或民族性的，属于量子个体个性。西方现代文明、伊斯兰文明和中华文明都属于世界性的人类文明。

无论东方的古埃及文明、两河文明、波斯文明，还是西方的古希腊文明，其文明的辐射微量元素或基因片段都没有消失，依然镶嵌在现代人类文明的基因内，也依然辐射影响着现代人类文明，因为当代人类共同体文化和文明是融合人类所有量子个体特性的共同体。整个地球是人类生存的量子共同体组织，其量子文化属于多层文化统一有机整体；量子人个体不可能孤立于任何一个量子组织，每个量子人个体属于人类量子组织共同体的一员，既具有量子个性，又具有人类组织文化的共性；量子文化和量子文明是相对的，可以相互转化；量子文化和量子文明同层级同文化，并可开放和包容不同文明。对量子组织可以定性、定量测评，测量过程描述的是量子文化集体共性，测量结果描述的是量子文明个性，正如人类量子共同体的量子文化是集体的、共性的，而每个区域或国家的文明制度是定量的、稳定的和个性的。正是因为人类量子共同体具有集体性、包容性和开放性，才有了多层多级、多姿多彩的人类量子文化和文明个性。

二、西方个体量化思维文化与东方集体量子思维文化

在本章的第一节“‘李约瑟难题’与‘钱学森之问’”中，我们从量子共同体哲学和科学思维方法两个角度探讨东西方个体思维的差异，从而

得出东方人以集体量子思维为主，而西方人以个体量化思维为主。本部分内容则从组织存在和发展层面讨论东西方组织文化的异同。量子组织共同体文化的形成贯穿于组织生存和发展的整个过程，因此组织创始文化初心和环境“量子场”对文化构建始终存在影响。就生物学角度而言，人性之初，无善无恶。赋予人性善恶秉性的，是由心蕴含的心境而定的，而心境受到环境共同体的场景影响，取决于人与外部环境的生存和发展态度。东方与西方组织处于不同环境场和发展阶段，所构建的哲学思维和社会治理方法自然存在差别。西方的个人，是自我的、原子式的，也是构建社会的基本单元，当个体独处时，如果没有具体的社会组织和规则控制，他们会把他人和整个社会撕裂。西方社会组织和规则的设计思路是这样的：最早设想神的规则，规则的执行者是神的代理人“宗教主”，后来政教分离，又把规则的制订和执行托付给组织，设计社会契约，通过严格的立法和执法来确保社会秩序，约束人类行为和人际关系。东方的个人，是个人和他人兼顾的，是量子式的，构建社会的基本单元是家庭，社会组织依靠家庭构建伦理，伦理产生诚信，诚信约束个人，治理文化是建立在互信的基础上的。

1. 西方个体量化思维文化

古代西方区域的环境“场”属于海洋文化，环境比较恶劣，资源比较匮乏，出于人自身生存的需要，西方个体需要寻求自身智慧的增长来反抗外部自然界侵扰和外来统治力量，因此，西方传统文化认为，大多数人的本性是恶的，受贪欲和利益所驱使，信奉“性恶论”，其行为外在表现是维护个体的自我权益，而与之对应的社会管理思维的主要原则是：针对个人自我行为采取相应的制约手段。

西方人认为，个体自我与灵魂是分离的，个体的灵魂是单独存在的、独一无二的，只与上帝有直接的纠缠关系；既然灵魂已经属于教会组织，那么不属于灵魂的个体自我仅仅由本能和经历所决定，单独的自我就只剩下自私和无情。正如弗洛伊德所说，“个体自我就像原子，可怜又孤独，只是一个客体。”个体自我是一个个人，与父母和社会之间建立道德准则和社会法则关系。因此，个体自我是社会的基本单元，通过社会契约来控制个体行为和人际关系，通过严格的立法和执法来确保社会秩序。

根据量子共同体理论，分析西方量子组织的存在和发展状态。西方量子组织也是个体、家庭、企业、宗教和国家多层统一的整体，其文化初心重视个体要素、关注自我的独立性，因而社会的基本单元为个人，但个人的肉体和灵魂是分离的，表现为个人的思想和利益也是分离的。在组织结构功能和关联方面，虽然量子组织都是多层统一体，但多层之间彼此都想管控对方，结果缺少人文精神交流。如家庭负责产生肉体个人并抚养成人，个体独立后的生命和人生创造属于自我，财富创造依靠社会组织，但灵魂产生前后一直寄托于宗教组织，个体与社会各组织的边界和规约非常清晰和独立，整个量子人就已经出现以个体利益为关联的量子自组织。在创新变革动力方面，因独立的生存利益环境和自由的思想，个体具有较强的忧患意识，组织风险防护性强，同时又崇尚挑战、博弈和创新变革，市场竞争机制比较完善和自由，科技发展比较迅猛。在管理思维方面，依靠目标和利益契约机制来关联和管控，重视个体利益维护和组织目标管理，以个人自由和权利为中心，认为个人的自由和权利是不可侵犯的底线，并认为思想宣教就是对个人的一种精神控制，这也带来组织共同体的“学习障碍”和思想统一的难度。因为思想比较自由又强调个体的独立运动，整个个体非常活跃，而个体精神信仰宣教功能属于教会，但社会商业伦理和契约属于商业组织，社会公共法治则属于政府，于是各类组织出台的规约越来越多，并经过百年的积累，社会规约自然繁多，甚至达到数千上万条，并且惩戒的措施非常严厉和细致，个体的公众生活自由度反而被压缩在个人的空间内，个体变得更加自我和孤立。如西方现代微观经济的绩效管理量化工具和奖惩机制发展，始终围绕管控个体和组织之间的独立与竞争行为合规性研究，其内容十分丰富，管理会计和审计监督措施比较严密，同时又在不断地创新变革。

因此，在人类量子共同体中，西方量子组织内部的个体、家庭、企业、教会和国家等量子组织结构部分，功能和边界非常清晰，虽然是多层统一的整体，但各结构部分属于不同的圈层文化，彼此的关联比较单一或单向，独立行为和活跃思想不统一，强调量子个体的独立运作，并始终围绕利益目标进行管理，而且量化非常细致（原子等基本粒子“量子化的”测量，简称“量化”），属于典型的以利益关联为管理目标的量子个体量化思维文化。正是数理统计理论和测量技术工具的使用和不断进步，造就了西方科学从古典科技、经典科技到量子科技的跨越，而西方的个体的量化思维，也已经成为东方不断学习西方科学技术和现代管理的主要方向。

从整个量子组织的表现来看，个体行为规范到极致，容易导致自组织行为和思想不统一、“能量和热量”不均衡的状况。一种情况是组织处于不稳定状态，财富能量积累过多并集中在极少数财阀手中，内部压力过大而不均衡，容易出现组织“实体”的涌现即膨胀分裂；另一种情况是，内部实体能量不足，财富泡沫过于膨胀而多为虚胖，加上内耗大且不均衡，容易出现量子组织“虚体”的内陷涌现。在这两种情况下，受到内部或外部轻微的干扰，组织就会出现分裂或内陷。如20世纪30年代出现的西方经济大萧条，导致实胖、实体经济滞胀而爆裂；21世纪初发生的西方金融危机，如此多的经济规约，也压不住人性对财富的贪欲，导致虚胖、资本经济泡沫化而内陷。

2. 东方中国集体量子思维文化

与西方的“原罪说”不同，人之初，性本善，“性善论”成了东方中国的人性观念，而这与东方中国“自给自足、丰衣足食”的农耕环境“场”相对应；虽然绝大多数人的本性是好的，其行为外在表现是乐于奉献和助人以及“己所不欲，勿施于人”的自身反省，但“人非圣贤，孰能无过”，既然人也会犯错、变坏，古代教化思维的主要原则就是重视环境场，做好自己、感化他人，并打消彼此的“邪念”。

根据量子共同体理论，分析东方中国量子共同体或东方中国量子组织的存在和发展状态。东方中国文化内涵非常丰富，如“天人合一”“天地人和”“家国天下”以及“和合”精神等，社会的基本单元不是“个体”场而是“家庭”二元组织场，每个人的思维都是二元的而且是互补统一的量子思维，不是个人的或单向的，个人的修为和品德都源于家庭，个人的对外礼仪行为不仅代表个人的思想和行为，还代表整个家庭、家族和国家的整体形象。东方中国量子组织也是个体、家庭、乡族和国家多层统一的整体，社会经济管理的基本单元是家庭，对比西方组织体系，宗教和企业没有进入东方管理圈层。这是因为东方中国的宗教属于个人的信仰自由，并具有排他组织性。而企业自组织是西方宗教创造的，是由西方宗教组织演化出来的纯商业利益的自组织。东方中国有商业组织而且非常繁荣并遍布全国，多是非纯商业利益的家庭作坊（自组织）。古老东方的中国也有自己的工坊（家族式），主要掌控先进的技术工艺（主要用于服务和巩固中国统一权威形象，如国防军工和宫廷建筑等基础资源）、土地、货币印制和发行。这从一个侧面可以解释，为何宏伟的万里长城工程诞生在古老的、小农作坊的东方中国；为何依靠自给自足的小农经济，却能够建立庞大、统一的国家，而且是人类唯一没有断层并延续几千年的文明。

古代东方中国的朝廷组织又是如何管理的？在组织结构功能和关联方面，东方中国古代的封建官制，是指在皇帝之下设置的中央官制与地方官制上下两级官僚机构，通过建立中央对地方进行管理的官僚体系，并制定一系列完整的官僚制度来维持国家的正常运转。财富创造和思想教育都依靠基层家庭组织或私塾学堂，家庭与社会各组织的边界和规约看起来复杂但又相对比较简单，依然显示利益“清”晰和关系“亲”情，这是基于“集体个体兼容”“二元互补统一”的量子思维，只有利益“清”才能集体一家“亲”，如“亲兄弟，明算账”。只有“清”晰对方的边界和规约，才能“入乡随俗”，然后才有“亲”情和合作统一的稳定关系；有了“亲”情等关联性，就有了信任的基础和下一步合作统一的可能，才有机会讲“清”边界和规约；而只有“亲”和“清”互补统一，合作统一的时间才会长久，关系才会稳固。

量子共同体组织，建立了两条利益“清”（规则的、理性的）和关系“亲”（人性的、感性的）的能量和职位等级关联线。一条是组织边界和利益关系“清”的行政管理或行业职位等级线，讲究“规则和理性”；一条是集体一家和人际关系“亲”的民间或人间等级线，讲究“人性和感性”。只有“清”和“亲”两条关联线才可以将个体和集体（组织）、理性和感性、规则和人性兼顾融合，才成为“多层、互补统一”的共同体。

在东方中国的“信用式契约”中，信用的源头在个人、人际关系和集体法律，信用的核心则是义理、道德和法律。而在西方的“法律式契约”中，信用是第三方的法律，而支撑法律的则是政府，个人信用的源头则在民间的教会。不同于西方单线的个体与集体契约利益关联管理模式，东方中国是个人与集体、利益与关系的“亲和清”双线互补的共同体管理模式。

为何东方中国在近代落后于西方？东方中国古代封建王朝的各级官员是具有较高忠诚度的官僚群体，多数是通过科举选拔出来的贤人学士，十年寒窗饱读“四书五经”，科举制引导知识分子偏离自然科学，这对于维护社会稳定、国家统一有积极意义，但不利于科技人才的培养，也容易导致忧患意识缺失，影响个体的创造性。同时，古代东方中国又缺失数理科哲综合教育，阻碍了科学创新的发展，使组织内部缺失个体的“创新变革动力”，加上对外长期采取闭关锁国的策略，无法从环境场吸纳新能量，表面上更趋于统一和有序稳定，而实际上走向另一种无序和不稳定的极端，尤其是19世纪中期到20世纪中期的100多年，东方中国经受不住外界的不断侵扰和内部的折腾，日趋腐朽的封建制度导致组织内耗殆尽，几乎处于自身崩溃的边缘。这就是东方中国在近代科技和经济落后于西方的重要因素。

三、东西方融合的量子量化共同体思维

在人类社会经济发展史上，东方中国的三大发明等传入邻近东方的欧洲意大利，促进了西方的物质基础建设、资本主义国家雏形的诞生和文艺复兴的兴起，这是东方文明对西方文明乃至全人类文明的贡献。在近代科技发展过程中，两次工业革命都发生在西方，这与其环境开放、产生“创新变革动力”的个体量化思维紧密相关。而西方量子组织依然在不断自适

应变革，凯恩斯与量子理论的创始人普朗克是同时代人，他针对无政府主义、完全自由市场经济启动了凯恩斯经济革命，提倡国家集体直接干预个体自由经济；西方管理思想不断发展，相继产生了“经济人”“社会人”以及“文化人”等几个重要的人性假设，价值观人文理念明显提升。西方个体量化思维，由个体思维转向集体思维、由利益价值转向人文价值，无疑是融合的方向。

西方的物质基础和社会经济环境变革比较成熟，而近代的东方中国因受到自身闭关锁国政策影响和外来侵扰，物质经济和社会环境受到侵蚀，贫弱的近代东方中国处于迷茫、无序和战乱中。马克思、恩格斯在《共产党宣言》里把未来的共产主义社会视为“每个人的自由发展是一切人的自由发展的条件”的联合体（简称“自由人的联合体”）。量子共同体和东方集体量子思维所体现的“集体个体兼容”的价值理念，与这种每个人的“自由人的联合体”的价值目标是相通的。选择社会主义道路，同样符合东方文化的集体量子价值理念。在这里，我们也许就明白了，为何东方是社会主义，而西方是资本主义。东方社会主义量子组织也在不断自适应调整和变革，20世纪70年代末期实施改革开放政策、实施计划经济向市场经济转型，21世纪初加入世界贸易组织、发展混合经济体系以及2012年开启全面改革开放；东方中国正积极借鉴和学习国际科学量化管理思维，遵守世界各项贸易规则和管理细则，国内形成了“大众创业，万众创新”的市场竞争格局，这一切体现了东方集体量子思维的变化趋势，东方中国朝着更加开放、自由的市场和更加科学的量化管理靠近。正是基于世界变化大趋势，2012年11月，东方中国明确提出要倡导人类命运共同体意识，并清晰表达：面对世界经济的复杂形势和全球性问题，国际社会日益成为一个你中有我、我中有你的“命运共同体”。

整个人类是量子共同体，每个区域量子组织，都遵守量子万物的变化规律，具有与自然环境场的自适应性。无论是东方集体量子思维，还是西方个体量化思维，都有确定和不确定因素，正是这些不确定因素更多地造就了东西双方的发展，但如果东西方二者中任何一方走向极端的不确定性，就会导致组织的不稳定性并将发生分裂或塌陷，因此东西方都会相互借鉴、自适应调整并走向融合，构建量子量化共同体思维。量子量化共同体思维是一种个体和集体（组织）、感性和理性、规则和人性、精神与实体、意识与行为等兼顾融合的思维，对于个人就是处于两种特性叠加态的量子人，对于组织就是处于两种特性叠加态的量子组织，而量子人和量子组织是不可以独立生存的，一定又会与自然环境场成为“多层、互补统一”的共同体。

21世纪，第二次量子革命已经开始，世界格局与秩序加速转变，全球化、网络化、万物互联时代来临，每个人都将成为相对自由的人，我们正在经历千年未有之大变局。2020年，新冠肺炎疫情全球性大暴发，对世界的影响极其深远。世界卫生组织一直在呼吁：世界面临的最大威胁不是病毒本身，而是“缺乏全球团结和全球领导”，“在一个分裂的世界里，我们无法战胜这种流行病。疫情的政治化加剧了这一问题。在我们所有人都安全之前，没有人是安全的”。是的！全球自由人如何构建量子世界共同体并共同应对世界日益加剧的不确定性？地球是人类与自然生存的共同体，人类的不良行为导致自然环境的恶化，而地球自然环境场的变化加剧，无疑对人类生存和发展构成了严峻挑战。西方借鉴东方集体量子思维文化，东方借鉴西方个体量化思维文化，东西方融合并将交汇在量子共同体世界观和方法论的根基之上，人类终将与自然和谐相处，成为世界量子共同体。

第 二 篇

构建量子绩效管理范式

第四章 量子文化：环境、领导与核心价值观

量子共同体的多层整体观，说明组织文化和领导初心等个体特性都受不同层级的环境属性的影响，是所有层级环境场影响因素和一切关系的叠加态；组织文化，又受到层级环境、领导初心的影响，三者之间相互影响，而影响个体行为的各种因素包含各层级的商业伦理、道德和法律等，形成组织的外在行为空间场域特性和内在心理空间场域价值观。

第一节 环境交互：从自然环境到人文环境

在古代，人类一步出家门就是自然世界，自然养育了人类，人与自然构建自然环境。那时，人与自然很亲近，就算是门口少一棵树也逃不过人们的视线。而在当下，人类离自然越来越远，即便少了一片森林，也少有人理会。因为人类生活在自己建造的一个个天上飞的、地上跑的和海上游

的容器内，并建立起一座座水泥围城，把自己与自然隔离开来。现代的人类，每天线上、线下都与人交往，世界环境已经全然是人文环境场。在古代，自然对人类的限制太多，在自然面前，人类很渺小、很孤独，在无助的情况下，人类甚至会祈求神和上帝保佑自己。而当今时代，自然资源和环境受到严重破坏，是自然向人类“求饶”，自然环境让位于人文环境。

人类之所以发展到能迅速掌握改造自然世界的能力，使世界环境从自然环境上升到人文环境，是因为掌握了两个方法：一是学会了创造先进工具提升自我；二是学会了建立关系链接推动集群式发展。有了文字、数学和逻辑思维工具，人类思维从感性上升到理性，人类创造了先进工具，先进生产力不断被释放出来；有了人类之间的不同层级关联机制，人类社会从族群发展到城市圈，规模生产关系建立起来。至此，人类历经几千年发展，不断提升对自我的认识，从孤立人、工具人、经济人、社会人发展到文化人；人类经历过无数次战争，区域关联不断分裂和整合，近代各种区域联盟和共同体大量生成，发展至今已形成全球化、网络化的共同体世界。在量子共同体世界观里，量子是万物之源，人类应该清晰地认识到自己是量子人，人是不可孤立存在的，个体与集体是兼容的，人与自然相互依存也同属一个共同体，人类应该停止对自然的各种“伤害”，保护自然就是保护人类自己。

我们生活在一个共同体世界中，必须考虑彼此之间的关联和影响，具体可从共同体环境场的输入吸收、与环境交互发展和输出贡献三个互联方向考虑。

一、从环境输入文化初心

环境的输入吸收，决定组织文化属性的存在状态和未来发展框架体系。

组织与环境的关系是互相依存的、双向开放的、相互内嵌的，并可以相互转换。环境的哪些要素决定组织文化及其框架体系？环境的复杂、多层以及不确定性，使得组织很难做出选择，但又必须在不确定中进行确定的选择。组织必须从环境共同体的参与者中确定利益相关方，他们相互影响，是影响决策和行动的个体或群体，包含员工、顾客、供应者、社会团体、合作者、投资者和股东等。不同的家庭、社团、区域、城市、国家有不同的环境文化，而随着全球化时代的到来，又包含来自不同区域的利益相关者。就是这样一群人——不确定的利益相关方与组织成员成为主体方，一起纠缠，构建量子共同体。在组织运营和交互中，必须先建立组织伦理和道德规范，从而形成组织文化及其框架体系。如果不了解人文环境，不入乡随俗，组织从诞生之初，就注定存活不久。

量子共同体是多层整体，个体与组织之间有三层关系。个体自身要修为道德；个体与个体、个体与组织、组织与组织之间建立二元伦理关系；个体、组织与社会之间确定法律关系。伦理和道德是组织赖以生存的基石，而法律法规是维持伦理道德的底线。所以组织创立离不开伦理、道德和法律这三条输入线，一条是伦理的“网络线”，一条是道德的“天际线”，还有一条是法律的“高压线”。伦理就是人与人二元之间的相处规则，是指人外在的社会行为规范、风俗习惯等，如道义、美德和正义等。道德则是人自身的行为操守和内在的精神境界，如品德、品质、善恶等。法律就是由当地区域的立法机关制定并由执行机构强制实施的、具有普遍约束力的行为规范和具体执法条款。

依据组织二元互补关系，对内与员工、供应者、投资者、合作者和股东建立伦理关联；对外与顾客、社会建立伦理、责任和公益关系。

二、与环境交互实现发展目标

组织与环境的交互适应关系，也就是组织如何适应环境的变化而发展并实现发展目标。

在量子共同体理论中，量子组织与环境场建立协同关联、永续发展机制。环境是复杂的，又是多变的、不确定的。量子组织必须对内保持差异，只有内部存在不均衡性和差异性，才能保障组织对外拥抱环境的变化，自适应环境而生存。如人体组织设置功能不同的五官，就是为了应对环境的色觉、味觉、温度、硬度、湿度等差异。

环境的不确定性，同样是二元互补的，既有风险，也有机遇。量子组织必须能迅速识别机遇，必须处于激发态，把握发展目标。机遇是什么？不是内求自身利益，也不是寻找和判断自己的竞争对手，而是对外他求。机遇就是环境的需求，是环境的缺损、环境的风险。只有面对不均衡、需求和缺损，组织才有发展的机会。

组织必须建立大脑处理决策中心、敏捷的反馈交流机制等。若在不确定的环境背景下制定战略，其预测结果是很难把控的，我们要不断鼓励创新、勇于试错，在失败中成长，紧跟环境的变化而不断提升自适应能力，不断自我调整、自由聚合、自我超越。

三、对环境输出社会责任

组织对环境输出贡献，必须考虑对共同体承担的社会责任和力所能及的公益支持。

组织除了保障自身的生存和发展外，还必须考虑利益紧密相关人和自然环境所造成的影响，并应担负起相应的社会责任以及自愿开展公益支持。在共同体建设中，建立好的伦理、道德和法律规范，组织也承担了相应的责任。然而，社会的发展，很难做到极端“有序”，依然会出现从有序到无序的变化，商业组织需要约束自己的欲望和自私的谋利行为；尤其是全球化时代的到来，带来社会的脆弱性、发展的不均衡性及越拉越大的社会发展落差，组织应当担负起更多的社会责任。

无论是在组织内部环境还是组织外部环境中，都存在个体利益与集体公益兼顾的责任，支持共同体就是支持个体自身，这是符合量子共同体的价值精神的。如抗击新冠肺炎疫情期间，许多汽车生产商及时调整生产线，生产呼吸机和口罩等防护产品，支援抗疫工作。公共责任的内涵，对内有经济责任、文化责任和教育责任，对外有能源节约责任、环境责任等。

公益支持是组织超出伦理道德和法规承诺的社会责任，是组织在资源条件许可的条件下，提升社会责任方面的成熟度，成为量子组织的展示途径和磨合成熟的机会。其内容包括所在区域的各类公益项目和活动。

小结

从上文可以看出，从环境输入伦理道德和法律构建组织的文化基因，环境的交互实现组织的发展目标，而环境的输出贡献体现组织的社会责任和公益，三者合一成就量子共同体组织价值体系。

第二节　领导三力：从量子人到量子领导者

一、寻找“无我”的量子领导者

1. 量子人与组织

在第三章，我们已经谈到，西方思维是个体量化思维，而东方思维是集体量子思维，东西方融合是量子量化共同体思维。量子人就具有量子量化共同体思维，是一种“个体和集体（组织）”“感性和理性”“规则和人性”“精神与实体”“意识与行为”等两类特性叠加态的思维个体。量子人是一个孤立的个体和自我封闭的、单独的量子个体人，正如弗洛伊德所说，“就只剩下自私和无情，也只能自言自语，毫无目标意义，也无法创造价值”。只有参与量子纠缠和关联，参与到社会共同体中，相互合作创造或加入量子组织，量子人个体才能发挥思想和行为的价值。如父母的婚姻合作创造量子家庭组织，成功生育量子人个体——子女，子女成为量子家庭场成员，他们长大成年后，加入企业组织，就成为组织的员工，此时的量子人个体具有家庭成员和企业成员双重叠加身份。在量子共同体理论中，主体之内成员是平等的，是二元互补、互补统一的关系，个体（自我）与集体（无我）、意识（文化）与行为（创造）又是兼容的，是量子人的纠缠共同体。总之，对于个人就是处于两种特性叠加态的量子人，对于组织就是处于两种特性叠加态的量子组织，而量子人和量子组织是不可以独立生存的，一定会与自然环境场构成“多层、互补统一”的共同体，并具有创造价值和建设文化的双重能力。

2.“无我”的量子领导者与自组织

量子领导者的位置在哪儿？何谓“‘无我’的量子领导者”？量子组织的诞生和变革过程中，从环境中突出的“奇异吸引子”拥有强烈的结果动因，指引集体行动，吸引量子人构建量子自组织，并实现组织演化目标的因子或引子载体，这就是创始人、变革者和引领者，也就是量子领导者。“无我”体现在为全员共同体服务，实现“无我”的集体奉献精神，则属于“无我”的量子领导者。每个量子共同体组织的文化基因内，可以检测到创始人和历代变革者的初心文化基因片段。量子领导者属于至少二元纠缠的量子自组织领导圈层，并引领每次组织涌现的顶层，量子领导者个体自我是无法独立存在并发挥作用的，个体自我与集体无我兼容，是小我与大我并存的，是可分又不可分割的。因此，每个量子组织有集体共性也有领导圈层个性，其中的个性是由量子领导者的能量辐射或文化基因片段决定的。如中国的BAT企业组织，百度的李彦宏决策层、阿里巴巴的马云决策层以及腾讯的马化腾决策层，三家企业组织的运营风格差异比较明显，组织文化基因里就有三位企业家团队的不同文化基因片段。作为量子人，也要学会在茫茫的量子人场中，善于发现“奇异吸引子”、精准自适应量子领导者，并与之同频共振，实现人生质的突变和飞跃。

二、两项基本能力

环境创造人，适宜的人文环境创造相应的领导和组织文化。量子人和量子组织具有创造价值和建设文化的双重能力，因而整个人类改造自然世界就掌握了“利用先进工具提升自我”和“利用先进链接集群发展”的两项能力，即处理好生产力和生产关系的关系的能力（符合马克思主义理论）。现代理论中，第一生产力就是“科技力”或“驱动力”，生产关系就是人才机制、链接关系、共同体关系等，统称为关系“链接力”，处理好“科技力”和“链接力”的关系是量子人必备的能力。

作为量子领导者，更应该具有量子共同体理念，掌握量子世界观和量子二元互补方法论。

量子领导者作为从环境中突出的“奇异吸引子”，遵循“催生动机—管理能力—系统组织”管理程序，产生强烈的动机，拥有组织的使命、愿景和结果动因，除了具有量子人的对应的价值提升和集群发展这两项能力，还应该匹配另三项特殊的管理能力——个体能量的价值管理、幸福组织的文化建设，以及管控科技力和链接力之间关系的二元互补自适应关系；有了这三项管理能力，经过不断聚合各类资源，量子领导者便能构建量子系统和自组织。

价值管理 在量子共同体组织中，量子领导者必须具备利用先进的技术手段提升自我和组织创新的能力，用马克思主义理论解释就是提高生产力，进行“价值创造”，并在管理实践中掌握“价值管理”理念，实施合理的“绩效管理”，对共同体成员个体进行利益分配。价值管理是价值创造的保障，作为量子领导者应该积极构建适宜的利益激励机制，不断赋能组织成员，引领组织和推动组织获得可持续发展的动能，最终实现价值目标。没有好的价值管理、适宜的绩效管理和明晰的利益分配，组织成员就无法获得前进的能量动力；没有好的激励机制，组织成员就无法保持持久的耐力和创新力。无论是“价值管理”理念，还是绩效管理机制，都包含个体与集体组织之间的“绩”（即对内业绩管理和对外社会责任）和“效”（即对内赋能效果和对外社会效应），这是“二元互补”的双重量子管理思维。

文化建设　拥有先进技术和工具，提高了科技力，但没有建立良好的链接力，就无法构建协同关联的团队，无法形成量子共同体，自组织很难有所作为。量子领导者和组织就是一切关系的总和，是链接力的集成，是处于多层文化的量子叠加态。在管理实践中，整个量子组织的文化建设的内容（简称“量子文化”），包含使命、愿景和价值观以及战略，而战略是在前三者基础上全员参与确定下来并统一实施的，整个过程为从上到下、从下到上的循环，是调动全员互动反馈回应的循环过程。

使命就是组织与人生存在的价值、意义，是组织与人生所应承担并为之付出的责任。而量子领导者就是拥有组织初心使命和结果动因的创始者。

愿景就是组织与人生对未来的具体展望所描绘的实现整体发展方向和目标的理想状态和具体场景。量子领导者的责任就是要聚合共同体内的每位个体成员的自身目标和对集体的愿望以及共同体外的相关利益者信息，共同制定、实施战略。

价值观就是组织与人生应遵守的道德和行为的基本原则，是量子共同体前行的行动准则，是文化核心。量子领导者要做好个人表率，成为文化建设的先行者、培育者和护航者。量子领导者既要善于“诱捕”掌握前沿技术和有潜能的量子人，可称为“能量使者”；又要懂得分享价值和幸福以文化来聚合人才，可称为“文化使者”。同样，总是关心和参与社会事务的人，自然会吸引并聚集一群人，同时懂得付出、分享利益和富有爱心的人，其身上的能量势场一定是很高的，影响和辐射自然广远。

在西方，“战略”（strategy）一词源于希腊语“strategas”，意为军事将领、地方行政长官。从词源上来说，战略就是领导的代名词。从现代意义上来说，战略是一种从全局考虑谋划实现全局目标的规划，战术只是实现战略的手段之一。在个体与集体文化关系处理中，有时要牺牲部分个体利益，去获得集体全面战略的胜利。如在中国的《孙子兵法》中，讲求“上兵伐谋，攻心为上，不战而屈人之兵”，用兵的最高战略境界莫过于“攻心为上”，也就是瓦解对方的“集体文化”（即切断链接），这样一来，不动一兵一卒便能攻城略地。

三、三大管理理论

量子组织管理决策建立在量子共同体理论、“三论”和“三观”以及三大规律的基础上。对比经典科学下的牛顿原子式管理思维，借鉴量子共同体思维的三大特征及二元互补方法论的三大运行规律“二元互补统一”“定性定量集成”和“无序有序交互”，又进一步延伸出组织管理的“竞争和合（‘和合’即和谐合作，‘竞争和合’即自我竞争与整体和合）兼行、过程结果均衡、创新规范互动”三大管理理论。

1. 量子精神：竞争和合兼行（“零壹竞和”理论）

在经典物理规律中，对物体运动规律和相互作用实施控制和衡量时，其衡量结果是确定的“非此即彼”、主体客体分离，也是现实性的、定量的。在人类社会经济管理实践中，一部分组织习惯经典规律的“非此即彼”或“公私分明”的决断性的衡量方式，强调个体的重要性，怀疑集体的动机。而另一部分组织则走向保守的另一极，不重视发挥个体的自主创新能力，在市场和组织竞争中，热衷于“零和博弈”规则，即“非赢即输”“非黑即白”等选边站的格局。量子时代，在面对复杂的不确定性世界时，需要运用“二元互补统一”方法，去审视、衡量和管理组织，既要面对并尊重个体之间的特性、需求、责权利的差异，又要看到个体之间差异互补的特性和纠缠联系的一面；既要不断保障个体的互补性特色差异及自我竞争和自我提升（即量子自旋）的特性，也要以维护集体的协作、需求、愿景和价值为前提，把个体的差异与竞争、集体组织的和合与发展、个体自由与集体规范等有机统一起来，以实现两者和谐合作发展之目的，这就是个体“差异竞争”与集体“和合发展”、个体自由与集体规范的“互补统一”，就形成了“竞争与和合”、“自由与规范”（个体自由与集体规范）的发展观念。在全球化、国际大产业链背景下，基于量子规律、“互补统一”和全球共同体的概念，提出的“竞争和合兼行”、“零壹竞和”（“量子竞和”）等概念，是一种新的、跨越式的理念。“零壹竞和”不同于“对立统一”“零和博弈”和20世纪末兴起的“合作竞争”理论，后两者始终存在博弈，并都以追求经济利益为第一目标。“零壹竞和”理论具有竞争与和合的理念，“零壹”表示量子双重性0与1为个体之间差异；“竞”表示以“自我竞争”实现“超越自我”，并不直接设竞争对手而是直接应对外界环境的挑战和以满足客户需求为己任；“和”表示以共建“和合”集体精神的共同体为第一目标，强调完善自我、利他之心以及和睦同心，遵循“尊异求同”“和而不同，兼容并蓄”共享资源的运营方式，最终实现“共建、共享、共赢”和合集体精神的共同体目标。如家庭组织中，生活争吵以至于两败俱伤就是一个只有博弈而没有合作并最终出现双方离散的零和游戏的案例；而通过争吵了解对方的价值观和共识点，基于共识点寻求双方合作共赢就是一个竞和的成功案例；而在生活中遇到困难和挑战，双方都勇于主动承担、自我反省提升和同心携手攻克难关，这是基于自我竞争、自我精进、自我超越，双方“和合与共”创建命运共同体的量子竞和的成功典范，这样的家庭也可称得上是量子家庭。尊重个体的差异性和拥抱环境的不确定性，做到“天人合一”、强强联合、优势互补、统一规划，共建世界共同体，是人类共同发展的保障。世界各民族，面对环境带来的不确定性危机，一定要共建世界共同体，这样人类的文明方可持久发展！

2. 动态测评：过程结果均衡

经典科学时代的组织衡量与管理更多测评的是个体绩效结果，因为传统组织的系统是封闭的、经营环境是稳定的，组织和环境之间是简单的因果关系，组织的绩效创造过程是可预测的、结果是可评估的。量子科学时代，量子组织更多地与环境平台构建“共同体”系统，二者构建跨越时空和多层结构的复杂关系并发生深度相互影响以及相互作用，而环境是瞬息万变的，并不断创造着机会和威胁。作为传统决策和评估管理理论基础的简单线性因果关系模型已经失灵，组织的行动可能无法达到它所预期的结果。因此，各种事件的后果是无法预料的，管理者无法制定出完全有效的详细实施战略，对个体结果的评估和考核已经失去实际意义；人们更多地关注组织执行过程的保障考核，对个体绩效结果考核的重点转移到培育赋能和提高协作能力上。借鉴物理学界对量子系统的“定性定量集成”即“量子量化集成”测量方法和对应哲学层面的“集体个体兼容”诠释，既要测量量子系统过程的波性即集体共性，也要测量量子量化后的粒子性即个体特性，延伸到管理哲学领域中，建立量子组织衡量和管理的基本原则：全面衡量和管理一个量子组织系统或量子自组织集体时，既要充分考虑量子人个体的特性和能力差异，也要考虑组织成员之间的集体协作过程；既要衡量个体和集体单个指标完成的绩效结果，也要衡量集体协作组织目标达成的运营过程，而过程衡量是集体定性目标（共性）保障，结果衡量是个体和集体定量指标（特性或个性），这就是“过程结果均衡”的衡量与管理。恩格斯指出：“自然界不是存在着，而是生成着并消逝着。”这进一步阐明“世界不是既成事物的集合体，而是过程的集合体”。这里，我们需要补充的一句话是：过程包含结果（状态），结果（状态）存在于过程中。如在绩效管理中，既要对组织管理过程进行评估（即重在组织“文化”成熟度测评），也要对部门成员绩效结果进行考核（即重在个体“赋能”状态测评），从而解决组织“潜力”发展（即保障战略目标实施）与达成个体“预定”绩效指标的双重问题。直白地说，“过程考核”保障组织战略目标实施不偏离、测量组织发展成熟度并对应“潜能”，“结果考核”只是考核当下个体指标完成即情况“结果”，仅具有参考价值，不代表个体未来和个体的定性或全部，更不能决定组织的共性文化。

3. 发展理念：创新规范互动

量子的不确定性、量子场之间以及量子系统内的跨时空与多层结构的复杂相互作用，使整个宇宙走向无序，而量子共同体内相互作用的统一，又表现为结构和运动状态的有序，因而，世界事物演化发展都遵循“无序有序交互”的演化规律。而有序演化的动力就在于系统或事物内部具有运营结构和运动状态的非均衡对称性突破点，就要打破传统的无序、均衡、线性关系，并制造新的非均衡和新的差异性。如华为的创始人任正非表示，这几年华为的员工有点安逸，导致公司整体氛围有些懒散，要感谢外部环境对华为的“封杀”，又唤起了全体员工创新的激情和斗志。华为已经高速发展多年，从发展的“有序”状态开始进入安逸、均衡的“无序”状态，因外部环境打压的不确定性，打破相对均衡的状态，使华为找到非均衡突破的创新点，重新步入“有序”状态。围绕新的非均衡目标，通过创新从“不确定”中找“确定”的关系和发展规律，而规范是从“不统一”中寻找“统一”的整体和规模突破并最终实现层级跃迁和成果的整体涌现；在创新中规范，在规范中提升；创新是动力过程，规范是结果涌现，这就是“创新规范互动”法则。如何做到既要规范又不掣肘创新？我们对系统内要尊重差异性、对系统外要拥抱不确定性，这是量子组织系统产生发展动力的基本法则。组织既要“对内搞活”，发挥组织成员的潜能和自由灵活性的差异性“有序”，也要对系统内的要素、结构和关系进行重新布局和整合，形成新的量子组织结构层级跃迁，在创新中寻求合力、统一的规范和稳定的“无序”；组织既要“对外开放”，建立敏捷关系体系，不断进行信息流的反馈、回应和交换，也要在对外关系和交换中保留一定的底线和原则。如中国现代化的发展就是成功地走了一条“对外开放”与“对内搞活”的发展道路，“对外开放”就是市场与技术、资源与资本等之间的“能量”交换，“对内搞活”就是用人与创新、体制、资金等的“自由”灵活交互；整个改革开放历程，是一个通过逐步“有序”开放创新和不断巩固规范程序，从而实现“有序”健康度不断提升的发展过程，从初期开放发展到全面深入的改革开放，从初期几个特区的示范性开放创新发展到全面的规范性开放创新。

四、量子领导三力

量子领导者应具备管控“价值创造”（对应把控生产力创造价值“业绩”）和“文化建设”（对应掌控生产关系产生链接集群“效应”）二元

互补平衡的能力，依据以上三大管理理念之间的关联，在整个量子组织创建和运营流程中，还应该具备相应的管理策略，对应有“文化使者”“协同赋能”“结果导向”三项决策管理职能，以及所对应表现的“链接力”“创新力”和“涌现力”量子领导三力，从而构建量子组织的生存和发展运营过程和方法规律：量子领导者作为“文化使者”应具备“竞争和合兼行”的量子精神，“协同赋能”应随时把握“过程结果均衡”的互动测评，“结果导向”应贯彻“创新规范互动”的发展理念。

1. 文化使者的链接力

建立共同体与环境的输入吸收、交互发展和输出贡献等三个互联关系，是组织持续成功、永续发展的基因内核。作为量子领导者，对内确定领导和组织的使命、愿景和价值观，充分理解量子组织的精神内涵：竞争与和合精神，即自我竞争并超越自我、和谐合作并共同发展的理念。对外必须考虑社会环境以及承担的责任，掌握不同区域的伦理道德、法律和社会责任，并积极信守承诺。组织领导高层应结合历史沿革、行业特点和内外环境等实际情况，确立和贯彻共同体组织的文化价值体系，并基于愿景目标上下结合制定战略。量子领导者就是一切关系的总和，是链接力的集成，是处于多层文化的量子叠加态。量子领导者是价值观的践行者、战略引领者，是文化使者，是正能量传播者，具体呈现组织的链接力。

2. 协同赋能的创新力

提升共同体个体、组织及利益相关者的协同合作能力，是组织持续成功、永续发展的过程保障。量子领导者的职责，就是影响他人行为，实现目标。量子领导者必须考虑任何人的行为既受利益机制影响，又受思想观念影响，如何做到利己利人、个体和集体兼顾；重视反馈过程的沟通，关注全体员工的学习成长和创新规范的知识管理积累并赋能的过程，接受有意义的改变，成为量子全息人；鼓励员工勇于创新、承担适应的风险及达成目标。同时，对外加强与关键顾客等相关利益者的沟通与协调。协同赋能的作用具体体现量子领导者构建量子共同体组织的创新力。

3. 结果导向的涌现力

观测共同体量子场内外“噪声”，创造新的挑战和机会，以终为始，是组织持续成功、永续发展的动力源泉。重视绩效结果驱动（社会责任/价值分配和公益），同时关注个体成长和组织成熟度发展。高层领导要引领创新驱动，确定组织正确的创新发展方向、聚焦关键决策和组织变革的行动沟通，制定战略目标和发展周期、识别“拐点”、在无序中寻找有序突破原点，把控“临门一脚”的突变行动；关注利益相关者的创造和平衡价值；关注环境的输出贡献，体现组织的社会责任和公益。这一切付出和贡献体现量子领导者和组织的决断力、执行力和涌现力。

小结

综上，我们从量子共同体理论的二元互补方法论演绎出“竞争和合兼行、过程结果均衡、创新规范互动”三大量子组织管理理论，并创建了“链接力”“创新力”和“涌现力”量子领导三力模型，其中，“链接力”和“创新力”表现为组织内部领导表现的处理二元互补平衡关系（即处理生产力和生产关系）的运营过程融合核心能力，而对应运营过程融合核心能力，出现量子二元互补关系的另外一元——“涌现力”，也就是行动执行力或决断力。量子共同体为量子组织发展构建适宜的人文环境并诞生量子领导。在量子组织形成与发展过程中，量子领导始终把控价值创造和文化发展二者的平衡，贯彻三大决策管理理念，积极发挥“文化使者的链接力、协同赋能的创造力和结果导向的涌现力”的核心作用。人文环境与量子领导和自组织构建一个二元互补的自适应生态循环系统，不断发展下去。

第三节　量子组织：核心价值观

自然环境诞生了人类，而人类构建了不同年代的人文环境，创造了不同时代的量子领导，每一位量子领导都拥有使命因子和愿景目标，并引导量子自组织和组织行动，经历几千年的发展，人类才创建出现代社会组织文明。无论家庭、企业还是社团组织的生存和发展，都需要一套管理理念和行动准则作为指引，都需要构建一套核心价值观体系。

我们应基于量子科学规律与人类社会及万物组织的理念和行为准则，构建量子共同体的“三论”和“三观”与二元互补方法论的“三大规律”的哲学体系，并演绎出量子组织的三大管理理念，最终从量子组织、量子领导、量子员工三个层面构建量子组织文化的核心价值观。量子共同体组织核心价值观的每一条内容都相互关联并体现共同体行为的多层整体性。

一、组织层面：共同体思维

组织与环境、组织内部系统之间和要素之间形成一个多层的统一体（不同属性、不同圈层），来实现使命、愿景、持续发展和量子绩效。组织特有的整体性、关联性和发展性促进组织系统成功。“整体性”意味着把组织视为一个整体，并在此基础上确立共同的战略目标和行动计划。“关联性”意味着组织各要素、流程及环境之间的相互关联，并建立相应的观测与改进统一体系。“发展性”构筑在“整体性”和“关联性”之上，意味着组织绩效管理系统的各个要素以充分关联的方式运行，能够积极开展内外环境的交互并能自适应相互协调发展，最终产生可预期的结果。

共同体思维具有“集体个体兼容”二元核心理念。共同体内部成员之间彼此平等，但不奉行平均主义，而是尊重个性和促进差异，并保持互补性和关注“奇异因子”，赋能个体实现自我提升和价值创造。个体积极参与共同体的统一引领，不断与环境交互，并自适应调整，内部彼此之间相互协同又相互制约，不断追求共同体整体的叠加、涌现与跃迁。

二、领导层面：无我的领导

组织的高层领导追求并获得量子领导力是一个量子组织成功的关键。量子共同体的核心理念就是自我个体与无我集体兼顾，量子精神表现为“自我竞争、和合与共”。组织的自我个体是不能独立存在的，是彼此关联的，并融合在集体之中，体现无我的状态、无我的领导。如果每个员工心中都具有和合思维，就会在现实中主动弥补差异并努力朝着协同“无我”方向发展；反之，如果每个员工心中只有个体的自我，那么外界发生的一切都像是侵犯自己，就会产生对立博弈情绪。量子领导者就是自我和无我兼顾的领导者。“自我”表现在领导者的自我超越、自我精进；“无我”体现在为组织全员集体服务，实现“无我”的集体奉献精神。

量子领导者应具有量子共同体理念，掌握量子世界观和二元互补方法论，具备管控“价值创造”和“文化建设”二元互补平衡的能力。量子领导者作为“文化使者”应具备“竞争和合兼行”的量子精神并表现高度的“链接力”，在“协同赋能”过程中应随时把握“过程结果均衡”的互动测评并拥有丰富的“创新力”，在“战略引领”与“结果导向”时贯彻“创新规范互动”的发展理念并展现高效的“涌现力”。

三、员工层面：量子全息人

1. 自我竞争与和合与共

在组织内部，员工个体和组织面对复杂的不确定性环境，以“自我竞争”“超越自我”与“和合”集体精神的共同体为第一目标，强调和合共同体文化，加强协同关联，共同应对外界环境的挑战和满足客户需求；必须提高员工个体和组织的自我核心竞争能力，针对环境的变化提升持续改进和适应的动态能力，更加关注如何激发员工内在动机并发挥其创造性，促使员工获得全面的发展，努力将各个层次的员工培育为量子全息人，发挥整个公司员工的量子领导精神、思维和行动能力。在组织之间，充分考虑与整个社会和环境共同体的关系，遵循“和合与共”“尊异求同”“和而不同，兼容并蓄”共享资源的运营方式，强强联合，优势互补，最终实现“共建、共享、共赢”和合集体精神的共同体目标。以量子领导精神为特征的组织具有超强的价值创造力和文化凝聚力，尊重个体的差异性和拥抱环境的不确定性，统一规划，能打破均衡，制造有序，加强自我竞争、自我超越的优势，创造显著的业绩。

2. 创新驱动与规范传承

“对内要促进差异、对外要拥抱变化”，这是量子组织系统产生发展动力的基本法则。要想防止组织的“无序”（熵增）并提升量子组织的

“有序”（熵减）健康度，组织必须保持敏捷的“有序”创新交互体系，必须维持组织“对外开放”与“对内搞活”的“创新规范互动”管理力度，既要抓个体“有序”的创新驱动，也需要适度的统一“规范”，并达到规范传承的效果，这反过来又促使个体创新得到质的提升。

3. 关注过程与重视结果

量子组织衡量和管理既需关注过程，也要重视结果。组织和个体必须充分认识到，面对不确定的、复杂的环境，树立确定的目标参与运营，就一定会产生相应的结果，但目标与结果不存在确定的因果关系，组织的行动可能无法达到它所预期的结果，要重视交互过程、积极的回应和激励自省方式，预防观察者片面追求管理结果。将关注结果的重心，均衡调整到把握事物的量子系统动态发展过程上，并检测个体和集体单个量化指标运营结果的均衡性；将考核重点转移到量子个体和自组织的成熟度上，通过培育赋能和集体协作能力提升，激发未来发展潜能。

有了量子组织的核心价值观作为行动的准则，就意味着树立了追求共同体的精神信仰和文化灯塔，也就建立了在实践共同体行动中对标核心价值观并不断进行校正的标准。当然，每个组织都有选择共同体的自由，任何组织都可以制定自适应环境的管理范式和发展战略。基于量子共同体的世界观和方法论，我们要制定量子组织核心价值观、发展战略和绩效管理范式。量子世界具有不确定性，发展战略还有用吗？能有相应的量子绩效管理范式吗？这些问题，我们将在后文中做出解答。

第五章　量子绩效管理范式

“范式”（paradigm）的概念源自希腊语paradeigma，柏拉图把具有相似性的特殊对象形式称为范式，托马斯·库恩在《科学革命的结构》一书中将范式看作科学发展到一定程度的产物，由众多成员共同坚守的信念、价值观等内容构成。范式从本质上讲是一种理论体系、理论框架。在库恩看来，范式是一种对本体论、认识论和方法论的基本承诺，是科学家集团共同接受的一组假说、理论、准则和方法的总和，这些东西在心理上形成科学家的共同信念。总之，范式具有三个方面的含义：从信念、思辨维度，是哲学范式或元范式；从科学习惯、学术传统、科学成就维度，是社会学范式；从方法、工具或图像维度，是人工范式或构造范式。

本书前四章，对比经典科学理论，基于量子科学理论的诠释，获得量子共同体理论的“三论”和“三观”以及量子二元互补方法论的“三大规律”等哲学体系框架，从而构建了量子哲学范式即元范式；再依据量子共同体哲学范式，对社会经济学和管理学历史实践进行研究，比较了东西方经济学范式与量子经济学范式的异同；最后，结合组织与环境的道德、伦理和法律三条链接线、量子领导者具有的三大管理理念和领导三力，明晰了量子共同体文化内涵并最终构建出量子组织核心价值观。思想决定目标，目标决定构想。由此，本章将结合量子共同体哲学范式和量子组织核心价值观，对照整理出量子组织最重要的特点，再依据量子组织的具体特点与特征，进行量子系统基础架构的创建，从而构建量子社会学范式，即量子绩效管理范式，并进一步构建量子组织的人工范式或构造范式，即全息图。

第一节　量子比特：量子绩效管理范式与全息图

一、量子绩效管理范式与经典绩效管理范式

恩格斯指出：离开社会政治及经济等宏观政治经济环境背景，来探讨社会组织的管理变革，就无法做到务实和可靠。量子经济学与量子科学研究密不可分，量子经济学是建构在量子科学的根基之上的。第三章第二节，已经比较了当代主要的西方经济学与东方经济学两类经济学模式的异同，主要结论是：东方经济学模式比较接近量子经济学范式。当代经济学已经进入量子经济学时代。借鉴量子经济学的人文环境，从量子组织文化的核心价值观出发，量子领导者可以运用这些理念和行为准则引导和推动组织构建绩效管理范式和战略系统，开展量子共同体组织实践。第一章第二节比较详细地介绍了绩效管理的内容，但都是西方经济学模式下的绩

效管理内容，东方绩效管理大都从21世纪初开始模仿学习西方绩效管理范式，并没有形成独立的绩效管理范式。现代管理理论进入“丛林”，研究动力和方法已经失序并处于混沌状态，这与西方经济学思维基于牛顿个体量化思维根源和经济环境密不可分。在这里，我们将东西方现有的绩效管理范式，统称为经典绩效管理范式。

怎样形成量子绩效管理范式？在自然环境与人文环境中，催生了具有使命感的量子领导者，在自组织内部、组织与环境之间的信息能量交互过程中，形成了一组相互关联的核心价值观行为规则；受到内部因素和外部环境的激发，量子领导者与自组织获得结果动机，在实践中始终把控价值交互和关系链接平衡，进一步厘清管理要素、要素二元纠缠互补与各子系统间的互补关联，上下结合，同心同德，明确了发展战略道路，形成一个统一、严密的运营体系；经过不断调整内部二元平衡系统、不断创新与规范，自组织开始蝶变涌现并发展成量子共同体组织，从而构建具有自身特色的量子绩效管理范式。具体过程表现为：组织内部纠缠要素—组织社会人文关系—组织外部环境交互—量子绩效管理范式。

以下，通过一个表格（见表5-1），对比经典绩效管理范式与量子绩效管理范式。

表5-1　经典绩效管理范式与量子绩效管理范式比较

维度	经典绩效管理范式	量子绩效管理范式
思维模式	个体中心；牛顿原子式的经典科学；基于牛顿量化思维的原子科学范式	个体与集体，量子科学；基于牛顿量化思维与量子思维融合的共同体科学
环境假设	被动封闭的、可预测、因果关联	交互环境，适应变化、不确定的，多层整体
文化内核	管控（个体）、博弈（组织）	竞争（自我）、和合（组织）
领导战略	由上到下指导，理性设计，战略预测	上下结合互动，战略方向引领

续表

维度	经典绩效管理范式	量子绩效管理范式
组织结构	个体职能分工，层级僵化，边界清晰	互补自由组合，集体协作互助，多功能自组织
目标驱动	关注个体效率和股东利益	创造价值和竞和文化
关系管理	按部就班，契约管控，顾客中心	尊重差异，量子全息人，链接文化、灵活响应
发展变革	问题导向，个体创新，被动应付	拥抱变化，多维创新，试错积累
结果测评	重视量化利润效益指标，重罚个体市场违规行为	重视量子文化建设过程，超常规发展，关注量化个体赋能成长

从表中所列内容，比较第一章第二节，可以看出：西方绩效管理，根基是经典科学下的牛顿式量化思维，大都是从组织利益或预测控制个人行为的思维出发，虽然重视员工个人自由和创新能力的发挥，但很难发挥团队作用和加强文化建设，更多强调的是博弈和管控，缺乏兼容并包的集体协作精神，依然没有跳出重视目标和结果的经典绩效管理范式。这可以解释为何西方经济和商业组织会出现危机，而政府却相对稳定。在企业和社会组织界，东方绩效管理学习西方绩效管理范式并基于西方绩效管理范式建立自己的体系，但管理思维内核存在东西方矛盾与冲突，处于混沌迷失的状态。

“自由、创新和命运共同体”是量子时代的主旋律，家长、社群主、创业者、企业家、改革者是社会经济管理变革的引领者。国家层面不再单一地关注GDP考核，而是各地根据自身情况，将资源消耗、环境损害、生态效益等纳入城镇化发展评价体系，“构建和谐社会”“生态文明建设”是基本策略。自2016年起，香港上市公司ESG指引中就将环境、社会与管治列入法定披露要求。2019年美国商业圆桌会议，180多位美国顶级首席执行官（CEO）发布宣言，向世界承诺，股东利益最大化已经不再是他们的第一理想。同年，腾讯正式公布全新的使命与愿景——“用户为本，科技向善”，以促进社会的可持续发展为己任。

进入量子时代，面对复杂的环境、开放的社会、人员的不稳定，量子绩效管理变革应更加注重人性化和环境及组织资源，关注如何激发高技术员工的内在动机并发挥其创造性，促使员工获得自由和全面的发展，促进共同体建设。量子绩效管理模式融合东方集体量子思维与和合精神内核，重构了西方个体量化的绩效管理要素及模式，符合21世纪构建世界量子共同体的时代趋势。

二、量子比特：三大纠缠循环系统与管理要素

量子组织希望通过量子绩效管理范式，将各要素、要素与系统、系统与系统构建为多层整体，各要素及系统与环境相互内嵌并发生交互，又将环境共同体中涉及的客户、供应商、投资商、股东和区域社会机构等相关利益者紧密关联并构建量子共同体。这一切都需要信息和能量的交互。

根据量子科学理论，量子信息和量子计算的单元是量子比特（01二进制），一个量子就是一个比特信息。一个量子比特信息，包含有波性0或粒子性1两个叠加的量子位。根据量子二元互补方法论，量子之间相互作用并发生纠缠，传递信息能量，至少两个量子构建一个量子自组织。在量子自组织中，每一个要素都与另一个要素对偶互补统一；各要素之间又相互协同关联，构建系统；系统之间又是对偶互补并协同关联的，由此构建多层整体与环境交互并不断发展。

1. 劳动价值论与要素价值论

在300多年来经济学价值论发展的历程中，“多元要素价值论”是经

过社会实践的反复检验、至今在不断发展中的经济学价值论。17世纪英国古典政治经济学之父威廉·配第，提出土地和劳动“二要素论”。古典经济学奠基人亚当·斯密的《国富论》提出了两种价值论：一种将商品价值归结为“辛苦和麻烦”，另一种将商品价值归结为工资、利润和地租这“三种收入”。马克思认为，亚当·斯密第一次对政治经济学的基本问题做出了系统的研究，创立了一个完整的理论体系。法国经济学家萨伊提出增加资本的“三要素论”，认为商品的价值是由劳动、资本和土地这三个生产要素共同创造的。大卫·李嘉图坚持了亚当·斯密的劳动价值论并构建了自己的经济学理论体系，但无法以劳动价值论解释“劳动与资本的交换，利润与资本量成比例而不与劳动成比例”这两种商品交换现实，最终导致劳动价值论的破产和李嘉图学派的解体。19世纪90年代，马歇尔提出增加“企业家经营”的“四要素论”。马克思的价值论是劳动价值论与要素价值论的混合体，存在生产方式、生产关系和交换关系的内在逻辑，是一个严谨的科学理论体系。

2. 运营、交互和涌现三层管理要素

以上列出了劳动价值论与要素价值论中的要素，但本书将结合量子共同体理念，另辟蹊径重新构建组织的多层管理要素，即组织内主体运营4个要素、组织与环境系统交互2个要素和组织整体的涌现2个要素。

主体运营4个要素　世界的场就是量子场，是一个共同体。参与量子运营场的主体和客体是不能完全割裂的，一个组织是包含主体和客体的系统。量子领导者依据环境反馈信息，初步选定服务的主体和客体，这两者是二元互补关系。组织参与主体为人，包含员工与客户等利益相关者；客体为交换的产品及对应价值的资金。在量子自组织形成过程中，环境激发出量子领导，量子领导必须具备对主体的关系链接力和对客体的价值创造力；结合量子组织的特性，进行最小系统自组织即元系统组织的框架结构设计，主体参与要素为“员工”和“客户”（虚），定义为两个量子人，主体“员工”和“客户”之间存在对称性并发生纠缠的关系链接力，表现为关系（软）价值；客体（主体的目标对象）要素为“产品”与“资金”（虚），同样发生对偶纠缠的两个量子表现出价值创造力，表现为劳动（硬）价值。员工（包含领导成员）、客户、产品和资金为自组织的基本四要素。这样就构建了一个存在4个量子比特的量子组织，最终形成统一量子场。

组织与环境系统交互2个要素　组织的4个基本个体要素整合在一起，不是简单的个体加和，而是涌现不同于个体的组织共性，即“综合大于总数加和”，凝聚成量子共同体文化。因此，“文化”是组织的核心价值观，表现集体内在共性。而“文化”二元互补另一端的纠缠量子，就是组织的外在行为“过程”，也就是组织个体的“员工—产品—客户—资金”参与内部运营循环并与外界“环境”不断交互的整个“过程”。这样，组织内核“文化”与外在运营行为“过程”，形成量子组织二元互补关联。整个量子组织运营要素，形成个体与集体、内在与外在、感性与理性的二元要素互补关联，个体的“员工—客户”和“产品—资金”与集体的“文化—过程”构建量子组织的六大要素。这里需要说明的是，为何量子领导没有成为组织范式的构成要素。领导成员作为员工的一员，既是组织文化的初心和战略引领者，也是组织的观测和赋能服务者，“战略—文化—过程—结果”的涌现层要素都代表“无我的领导”要素。

组织整体的涌现2个要素　有了运营要素，自组织并不一定能成长和发展下去，还必须要有动力机制，能够自适应并能顺利出生、生长发育、长大成型和持续生存发展。基于量子共同体理论与二元互补方法论中“无序有序交互”规律，建立了组织文化的“创新规范互动”管理理念，从而引申出量子领导者必须具备的第三力“涌现力”。量子领导者的动力，来自两个方向，一个是内生动力，一个是外来动力。内生动力来源于组织“文化”的激发和激活；外来动力来源于与组织“环境”的交互和挑战。因此，通过内在组织文化和外在环境的二元交互“过程”，组织或领导在做任何内在意识或文化观念改变以及采取外在行为的行动之前，都会形成一组相互关联的集体“战略”布局。对应“战略”的另一元，就是经历实施“过程”产生的战略实施涌现“结果”。因此，“战略-结果”构成组织运营的二元互补纠缠的涌现要素或发展要素。

3. 三大循环系统

组织战略与环境开放交互系统 量子组织和量子领导的诞生依存于人文经济环境平台，并通过三条关联线进行协同关联和构建自适应循环系统。这三条关联线分别是：第一条“天际线”，即道德输入线，是人文环境对个体自我修炼和人际关系的影响；第二条“链接线”，即伦理和法规交互线，商业伦理和法律法规确保人与人、人与组织、组织与组织之间正常运营交互；第三条“地平线”，即输出结果和责任线，是组织对环境的责任贡献和回馈影响。其中，伦理和道德是组织赖以生存的基石，而法律法规是维持伦理道德的底线。从道德事物“输入”到商业伦理和法规运营“交互”再到结果愿望和责任“输出”，这是一个“组织与环境”之间建立的二元互补战略交互循环系统。量子领导由初心“动念”或“动机”产生，到“战略”制定与实施过程为：环境—战略—文化—过程—结果。

而整个交互是一个动态的“过程”，也就是组织个体的“员工—产品—客户—资金”参与内部运营循环的过程并不断与外界环境进行交互。

组织主体与客体内部运营系统　组织是如何运营的？组织是如何引导和促使成员与人文环境执行交互的？量子领导者依据外部环境反馈的信息，整合“主体与客体内部运营系统”，结合使命、愿景和价值观等形成统一的“文化”体系，并制定“战略”及开展实施“过程”，具体过程为：“战略”布局—“文化”指引—“过程”观测。其中，“过程”为“员工匹配—产品创造—客户销售—资金分配”，而四个运营个体要素也自主不断地与外界社会关系交互。量子领导者在整个组织内部运营系统中，发挥“价值管理”与“文化建设”二元互补的能力，并管理好价值创造与利益分配以及平衡稳固各类人员关系。

组织战略与结果涌现系统　结合组织主体与客体运营系统以及与环境的开放系统，将结果愿望变为发展战略，战略分化为结果愿望和实际结果，组织内部与外部、愿望与结果建立二元互补关系，构建组织的涌现系统：输入“发展战略”—系统“运营过程”—涌现输出“评价结果”。量子领导者在组织结果涌现系统中，围绕“价值管理”与“文化建设”的平衡关系，以组织文化的核心价值观为行为准则，实施“文化使者”“协同赋能”和“结果驱动”三项决策管理。量子领导者的初心、愿望及战略是预设的，但由于人文环境输入和交互的不确定性，以及观察者和参与者即主体客体中途运营和交互的不确定性，组织对环境涌现的实际结果是不确定的。涌现也表现在人才培育和组织能力建设上。

量子绩效管理范式（也称量子运营范式）构建要素包含“员工、客户、产品和资金”这四个运营层的个体要素、“文化、过程”两个组织系统要素以及“战略、结果”两个组织与环境交互要素。而这些要素之间彼此都是二元互补的，又形成二元互补的三大循环系统。具体过程为：量子组织运营包含“环境与组织”交互，“员工与客户”（主体）、“产品与资金”（客体）、“过程与文化”、“战略与结果”等要素二元互补关系，以及彼此二元互补的“战略交互系统”“内部运营系统”和“结果涌现系统”三大循环系统。

整个量子绩效管理范式中，个体要素、集体系统和组织与环境平台之间都是彼此关联、环环相扣的，信息和能量不断传递交互并涌现出适宜状态和满意结果，互为依存、成长，成为一个量子共同体并能够自循环运行。

三、量子管理范式全息图与星盘图

我们根据量子比特的信息能量交互规律，结合相互纠缠的三大循环系统及管理要素，构建了描述量子组织与环境之间的关系的全息图（见图5-1），其中的“战略与结果”“员工与客户”和“产品与资金”以“文化”为中心链接代表“量子领导三力”，即“涌现力”“链接力”和“创新力”；“环境—战略—文化（过程）—结果”为组织开放的战略交互系统、“组织运营测评过程”为组织的运营系统、“环境—文化（过程）—结果—环境”为结果涌现系统，这些代表量子组织的“三大循环系统”。整个范式的框架图像一个旋转运动的星盘图。量子人与物自由组合构建组织运营平台，量子领导通过“链接力”和“创新力”掌控“内部运营系统”，组织平台与宇宙环境在交互中自循环运转，环环相扣，组织与环境相互内嵌，平台上下从“战略—文化—结果”贯穿平台中心“涌现”，通过“涌现力”掌控“交互系统”和“结果涌现系统”。整个范式全息图，说明了领导三力关系，同时也反映了经济学价值论关于生产方式（生产力）、生产关系和生产过程三者的逻辑关系以及组织价值创造体系的内容。

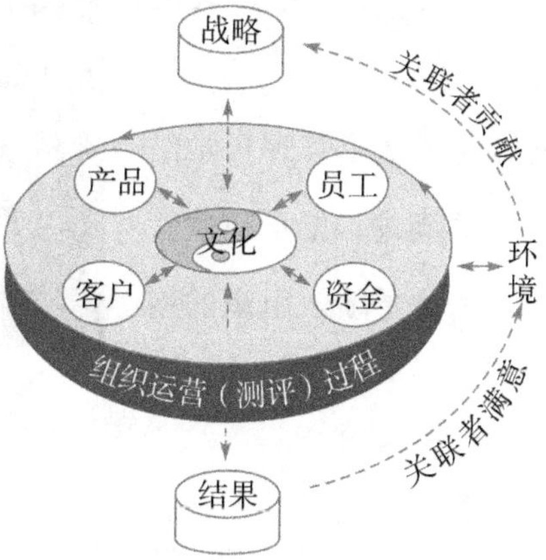

图5-1　量子绩效管理范式全息图

量子组织正如这张全息图，是一个有机的系统，可自动进化、不断自适应环境，每个主体和客体都不是孤立存在的，个体与个体、系统与系统都是二元协同的，并通过相应层级平台而关联、相互内嵌，因而也是多层次的，都以技术能力与情感文化二元互补的共同体价值观为核心统一构建量子共同体组织。每个节点都可以相互链接并保持有反馈回路体系，并从几何结构出发而不是通过数学建模构建系统，其最大特点是可以随时变化，能够产生新的模式、通路或行为。

综上，基于量子哲学范式，运用量子组织系统、量子核心价值观理念和行为规则以及量子比特信息传递特性，从科学习惯、成就和学术传统，构建量子社会学范式（即量子绩效管理范式），其主要要素包括环境、文化、战略、员工、产品、客户、资金、过程、结果等九个方面；基于量子绩效管理范式，要素之间二元互补关系和三大循环系统以及领导三力，从方法、工具或图像维度，构建量子组织的构造范式（即全息图）。最终我们发现整个范式的框架全息图像是一个旋转运动、演化的宇宙星盘（见图5–2）。

至此，我们尝试构建了量子管理科学结构的三大范式：量子哲学范式、量子绩效管理范式（社会学范式）和量子绩效组织的构造范式（全息图）。

图5–2　宇宙星盘图

第二节　量子测评：组织绩效管理测评和绩效考核

量子组织系统可自动进化、不断自适应环境（复杂系统也是一种量子组织系统），并区别于传统的机械组织系统。当然，在组织实践观测中，即使组织领导者掌握了系统思维，也未必能引领组织的深层变革；即使组织整个运营过程有了质量保障和特色文化，也不一定会出现结果的涌现，也就是说，组织运营过程满意，未必会取得有效的结果。因此，基于一套共同体核心价值观，可以创建一套评价量子组织的规范准则、一套绩效管理测评系统，通过开展有效的评价并采取系统的改进措施，来不断培育量子思维的全息人、量子领导者和量子共同体组织，以形成共同体文化、提升经营绩效并升级产业平台。

一、量子目标：绩效管理维度目标及测评维度选择

在量子绩效管理范式及结构中，基于量子共同体组织的系统思维，各要素相互关联说明量子组织与环境共同体包含环境、文化、战略、员工、产品、客户、资金、过程和结果等九个运营所需的基本要素。

“环境”维度是量子组织与环境交互的维度。共同体环境属于多层体系，组织必须从环境共同体的参与者中确定利益相关者（也称“关联者”，参见图5-1）。利益相关者是指有能力影响组织或被企业组织所影响的人或组织，通常包括股东、债权人、客户、供应商、监管机构等，他们相互影响。企业组织应根据确定的主要利益相关者，绘制基于量子绩效管理范式结构的利益相关者全息图。利益相关者全息图是以利益相关者与组织运营过程不同的战略需求目标和资源提供为出发点，按照组织战略、运营要素和过程交互依次展开，并以利益相关者结果为落脚点的全息图。利益相关者全息图可将量子绩效管理相互纠缠关联模型以图示的形式直观、明确、清晰地呈现出来。如“产品”维度与“供应商、监管机构”关联，“资金”维度对应“股东、债权人”纠缠等。

“文化”维度代表共同体型量子组织的使命、愿景和核心价值观内容，意味着树立了追求共同体的精神信仰和文化灯塔，是量子绩效管理范式制定各维度行动准则的基础，各类组织在实践共同体行动中对标核心价值观标准并不断进行行为校正。量子绩效管理范式结构始终以共同体的核心价值观“文化”为中心，“文化”是组织的核心和基因。

“战略”维度代表组织与环境内外交互而产生的量子领导的“动机”或“意识”行为。“战略”由上到下由量子领导者引领而生，又由下而上从组织内部各运营要素的利益相关者与环境外部利益相关者进行目标需求

和资源能量交互而聚成，从而促生整个量子组织的战略目标驱动系统。“战略”发挥着内生组织“驱动”和外部环境“促动”的双轮集合驱动系统以及组织系统导向图的作用。

“过程”维度表示“战略”目标系统的分解和“结果”反馈沟通、四大要素运营以及“环境”交互反应等组织行为的保障措施。“过程”是组织的理论和技术以及活动战术实施的能力保障，是核心竞争力和动态能力的集中体现，是重要的“术”的层面，发挥上接“战略”下链“结果”的承上启下作用。“过程”表现能力代表组织“术”的水平高低和成熟度。

“结果”维度对组织的生存和发展至关重要，许多组织以结果为导向。但结果来源于哪里？结果绝不是“无源之水”，而是来源于组织各个要素的运营流程和测评过程，也就是说整个组织运营流程和测评过程是组织结果的保障。但由于量子“过程”的不确定性和复杂性，顶层“战略”目标驱动，实施后的“结果”并不一定达到满意的结果。有的组织或单位，如科研部门，甚至多年没有结果。

由此可见，“环境”维度是多层关联的利益相关者的共同体维度，按量子绩效管理范式结构，各利益相关者被分落到各维度。“文化”维度是量子绩效管理范式各维度制定行动准则的核心基础。“战略”维度是量子绩效管理驱动要素。“过程”维度是量子组织战略实施结果的能力保障要素。“结果”维度是量子组织绩效考核要素，由于环境的不确定性影响，与战略和运营过程没有直接的因果关系。这样，量子绩效管理范式作为一种量子组织综合绩效管理的有效方法或工具，包含战略、员工、产品、客户、资金、过程和结果七个功能岗位职责（职能和责任）维度。其中，战略、员工、产品、客户、资金和过程六个岗位职责维度测评的是组织运营过程的战略管理和战术实施的能力，对应量子组织的成熟度定性评估；结果维度测评的是个体、部门和量子组织的个体单项量化绩效。

二、过程与结果准则测评和绩效考核

在量子绩效管理范式中，基于共同体核心价值观，结合量子组织管理理念和二元互补统一方法，从战略、员工、产品、客户、资金和过程六个岗位职责维度制定组织运营过程的战略管理和战术实施的具体行为过程准则内容以及实施的个体结果准则内容，可以以准则的回答为评价基础，现场检查各维度岗位所采用的策略方法、展开广度、培训和提升的具体程度，从而通过集体过程与个体结果定量地评价企业组织内部管理的成熟度。根据评价结果，提出活动改进和提升方案而协助组织走向共同体型量子组织。

战略准则　战略管理职责。战略是组织的大脑，组织高层领导的治理能力决定组织战略的制定方法、水平、实施效果、调整和监测等；充分考虑量子绩效管理范式结构内所关联的环境、文化、过程、运营等维度和相关利益者的需求。

员工准则　人力资源职责。员工管理基于组织的核心文化和制定的战略，什么样的组织培育出什么样的员工，什么样的员工决定组织有什么样的发展，员工维度涉及的量子关联因素包括个体能力与团队契合、个人业绩与领导管理。员工培育贯穿于选人、招聘、培训、激励、考核和升迁整个流程，员工才能得到很好的成长。

产品准则　生产过程职责。产品维度涉及的利益相关者很多，主要体现在产品和服务以及价值创造的过程管理，产业，基础设施、协作供应等相关方、技术、信息和知识等各方面。量子关联的因素就是质量（产品服务）与成本（过程管理）、内部生产与外部供应、安全与效率。

客户准则 市场服务职责。客户是组织成立的使命、愿景和战略目标服务的定位对象。组织在满足所服务的客户的需求的同时，也要满足员工的生存和发展需求，始终围绕人性化服务制定准则。量子关联的因素就是顾客满意率与组织利润率、市场份额与产品价格等。客户服务满意率取决于全体员工提供的产品和服务的质量。

资金准则 财务管理职责。如果组织是人体，那么资金就是人体的血液和能量。资金维度涉及的利益相关者也很多。组织没有资金的维持，发展就会很虚弱，就没有前行的原动力；组织资金运转效率低下，发挥不了财务杠杆效应。资金调配流程，管控人员、客户和产品流动。量子关联的因素就是预算与超支、销售收入与经营成本等。

过程准则 测评与知识管理职责。在整个量子绩效管理范式运营流程中，“过程”发挥着重要的能力保障作用，是核心竞争力和动态能力以及成熟度的集中体现。量子关联的因素就是协同赋能、交流反馈以及知识赋能管理，绩效测评和提出改进措施，关注过程和重视结果兼顾。

结果准则 组织绩效管理职责。每个个体、部门和组织都有运营流程、目标结果和改进措施。这符合量子的连续波性和断续的粒子性。结果准则的内容是上述六个维度过程的有效性和绩效的集中反映，包含战略、员工、产品、客户、资金及过程绩效考核结果维度。而阶段性、描述状态的绩效结果，通过与环境或标杆或自身比较评价，具有对员工产生激励的作用。

结果维度测评的是量子组织的绩效考核。在量子绩效管理范式中，结果维度的量子关联因素有战略、员工、产品、客户、资金和过程。但在战略目标落实、指标体系建立以及量子绩效考核时，基于量子绩效管理范式，从人性管理的角度出发，重新构建人员定位图，选择高层领导、员工、产品、客户以及资金五个职责部门和个体考核维度。其中，战略和过程管理，融入高层领导的绩效考核。量子绩效考核指标来源于两个方面，一是来源于组织的战略目标，二是来源于部门和岗位的职责。

上述五个职责部门和个体维度运营产生的绩效考核结果，每个维度都对应一系列的指标体系。这些指标体系，是依照“量子绩效圈层模型”的考核流程归类的指标体系，具体为利益相关者输入资源要求指标、战略指标、流程指标、能力指标和利益相关者需求指标排序。在这里，构建能够整合组织战略流程、运营过程、人员流程，提升三级绩效水平的“量子绩效圈层模型”项目被称为实施量子绩效管理范式的绩效结果工具之一。

量子绩效结果导向的主要目的始终围绕战略目标展开，目标能够激发行动，却未必需要量化，提供关键的绩效指标，明确引导量子全息员工将主要精力集中到对职位贡献最有成效的职责上去，并通过努力及时采取提高绩效水平的改进措施，因此它是最能影响组织价值创造和个人赋能的关键驱动因素。考核工作的主要精力要放在关键的结果指标和关键的过程指标上，抓住了20%的关键指标，就抓住了考核的主体和过程与结果指标的均衡。不同个体、部门和组织因目标不同、阶段不同，所设置的指标体系也是不同的。

三、正确认识量子绩效管理范式及行为准则

在实践中，对量子绩效管理范式及行为准则要有正确认识。

其一，量子绩效各维度准则内容是“术”，分集体（量子）过程和个体（量化）结果两类准则评估，即六个岗位职责维度和一个结果维度；基于共同体核心价值观文化之“道”，充分体现“关注过程和重视结果”的理念；通过综合当下或未来的理论以及借鉴卓越的量子组织经验之“行”来构建，不同组织可以参照标准的“术、道、行”来结合自身进行自适应调整。

其二，六个岗位职责维度只是概念性的范式或模式定义，不同员工、不同部门和不同组织虽然名称和内涵是不同的，但行业本质是相通的，而结果维度准则与过程维度准则相互关联但定位内容不同；贯穿各准则的是组织、流程和员工的“绩效评估”；而构建能整合战略、运营和人员流程并提升三层“绩效考核”结果的是“过程结果均衡”量子绩效测评项目，被称为量子绩效管理范式的理论工具。

其三，每个员工都应结合自身的定位来运用量子绩效管理范式，将量子组织的九大管理维度统一在一个共同体的思维框架内，体现出组织经营的“木桶原理”，关注组织各管理维度的综合提升，进行全域性的协同思维和轮岗能力训练，并积极成为量子全息人和迈向量子领导者；量子绩效管理范式体现的是组织管理的多层循环系统、多重途径选择，强调组织的持续价值创造和文化建设能力的无限可能。

其四，在绩效管理中，既要对组织管理过程进行评估即关注组织“文化”成熟度测评，也要对部门成员个体绩效结果进行考核即重在个体“赋能”状态测评，从而解决组织“潜力”发展与达成个体“预定”绩效指标的双重问题。直白地说，“过程考核”保障组织战略目标实施的不偏离、测量组织发展成熟度并对应“潜能”，“结果考核”只是考核当下个体指标完成即情况“结果”，仅具有参考价值，不代表个体的未来和个体的定性或全部，更不能决定组织的共性文化。

其五，量子绩效管理范式是量子共同体组织的实施规则。各类组织可以依据量子绩效管理范式相关标准进行自我评价和诊断。作为评价参考标准内容，量子绩效管理范式只是涉及一些全局性、关联性和量化性的基本问题，本身的诠释内容不能实现管理提升，只有通过评价后的变革项目和提升活动进行自适应调整，才是追求共同体型量子组织的必然途径。

其六，广泛自适应不同组织，包含家庭、企业、社团、社区、城市、区域和国家及国际组织，所对应维度的具体行为规则和目标内容、相关利益者需求以及文化属性的核心价值观是不同的。如虽然量子共同体核心价值观提出“关注过程”，而参与评价的组织的核心价值观为“关注未来”，但这并不影响评价。又如关于“创新”价值观内容，“灵活善变”“勇于创新”和“拥抱变化”等都属于创新行为范畴。

小结

综上，量子绩效管理范式充分描述量子组织，以共同体核心价值观“文化”为中心，以“战略”为驱动，以“过程”为保障，以“结果”为导向，始终围绕“员工、产品、客户、资金”流程运营并与共同体“环境”不断交互和自适应发展。量子绩效管理范式意在鼓励各类组织追求具有“自我竞争、和合与共”的量子精神的量子全息人、量子领导者和量子组织；通过测评组织的成熟度，评估我们的个体和组织离共同体型量子组织的实现还有多大差距。在追求共同体型量子组织的过程中，一切价值创造和文化建设的能力状态自然朝着共同体战略方向驱动和提升，我们在过程中享受成功涌现的状态。

第三节 量子绩效管理范式的共同体思维

量子绩效管理范式最核心的内容，包含一套共同体核心价值观、一套量子管理理论体系与领导三力、一套量子绩效管理技法和评价程序（系统）。

一、文化引领：共同体核心价值观

量子组织的核心价值观从量子组织、量子领导、量子员工（量子全息人）三个层面构建，共有五项，各项内容相互关联并体现共同体行为的多层整体性。具体如下：共同体思维、无我的领导、自我竞争与和合与共、创新驱动与规范传承、关注过程与重视结果。

这五项核心价值观是基于量子科学规律，形成量子共同体的“三论”和“三观”、二元互补方法论的三大规律，进一步演绎出量子组织的三大管理理论和领导三力，并结合社会组织的理念和行为准则以及实践，最终提炼形成的。

二、理论支撑：量子管理理论体系与领导三力

量子绩效管理范式及架构，需要量子组织系统的管理理论体系和量子领导三力作为理论支撑。其主要来源于存在层面的量子共同体的“三论”和“三观”与发展层面的二元互补的三大方法论。

1. 量子管理理论体系

量子竞争和合理论　量子竞争和合理论属于组织战略管理核心理论，来自量子共同体精神“自我竞争、和合与共”，具有自我竞争与整体和合、自我超越与和谐合作的理念。

量子能力理论　量子能力理论属于组织能力分析理论，来自量子二元互补的“无序有序交互”方法，演绎出“创新与规范互动”发展理念，创新对应动态能力，规范对应核心竞争力，核心竞争力与动态能力是互补关联的。

量子绩效测评理论　量子绩效测评理论属于组织绩效动态测评理论，来自量子二元互补的“定性定量集成”方法，演绎出“过程结果均衡”动态测评理论，表示集体过程与个体结果评估。

2. 量子领导三力

链接力　量子领导者作为文化使者具备有效的链接力，在构建组织发展战略的驱动系统时发挥重要作用。

创新力　在整个量子组织创建和运营流程中，量子领导者重视协同赋能和创新机制，随时通过过程结果均衡的互动测评赋能员工，并表现出丰富的创新力。

涌现力　量子领导者具备决策管理重要职能，要聚焦战略驱动，并促成结果导向，具备高效的涌现力。

三、法则规范：量子绩效管理技法和评价程序（系统）

1. “量子绩效”是共同体的全域管理范式

“量子绩效”绝不是简单的一个量子名称的绩效含义。它是集体个体兼容的，具有“自我竞争、自我超越，集体团结、和谐合作”的共同体精神内涵，是一种全域全息的组织绩效管理范式。它是基于牛顿经典科学和量子科学以及哲学思维，在创建量子共同体理论和二元互补方法论的基础上，结合社会组织的理念和行为准则，提炼出来的系统化的组织管理方法。

“量子绩效”所蕴含的量子共同体理念、量子组织管理理论和方法就诠释在五项核心价值观、三个基本的量子管理理论、量子领导三力、管理技法和评价系统中。

量子绩效管理范式描述了量子组织内部全要素与环境之间的关系全息图。整个范式的框架图像一个旋转运动的星盘。组织平台与宇宙环境在交互中自循环运转，环环相扣，组织与环境相互内嵌，是一个有机的系统，可自动进化、不断自适应环境，每个主体和客体不是孤立存在的，因而也是多层次的，都以技术能力与情感文化二元互补的共同体价值观为核心统一构建量子共同体组织。

每个员工都是量子全息人，在关注个体自我的量子位的基础上，还可以清晰地与全域员工进行相互链接并保持反馈回路体系，随时变换岗位，随时重新构建和组合新的自组织，其最大的特点是可以随时变化，能够产生新的创新模式、通路或行为。其驱动力来源于自身竞争和量子领导者，量子全息人有机会成为量子领导者，能上能下，相互转换。

2. 量子绩效管理范式可以做什么

量子组织的多变、多层和叠加态，同样在量子绩效管理范式中得到广泛应用。从自然物质组织到各类社会组织，同层次同范畴，不同的目标，不同的属性，带来不同的范式内容，如利益相关者全息图、领导三力图与战略驱动全息图。

组织的“镜子”　量子绩效管理范式作为“镜子”，可以发现个体和组织能力的优势和劣势、需要改进的空间。比如，哪些方面做到了，哪些方面还不够；哪些系统应该有关联，如何进行循环和交互，反馈是否及时或被遗漏；等等。

组织的“战略图”　量子绩效管理范式为指导组织战略制定和计划工作分配提供了一种体系框架，为组织勾勒出了应该注重的各个要素维度。从上到下，从下到上，从内到外，从战略到结果等，各方向、各回路、连接点和路径分析十分清晰。

组织的“方向盘”　量子绩效管理范式各要素始终围绕“文化”核心，并由“过程”环绕和把控，组织全体成员的所有行为规则和内心理念不忘共同体文化初心，始终保持组织的开放性并在环境的交互下保持调整和自适应。

组织管理的“诊断仪”　量子绩效管理范式所有的准则之间都是相互关联、彼此互动的，环境与组织各要素、要素与文化、过程与过程、过程与结果、结果与结果之间都是彼此关联的。把“环境—要素—过程（文化）—结果—环境”关系框架作为一种“诊断仪”，可以发现组织的根源性、系统性及有效性问题，排除表面的、枝节问题的干扰，并且始终围绕“共同体文化”核心，保持组织的开放性与环境的交互自适应。

内部管理的“仪表盘”　量子绩效管理范式准则的结果内容提供了一个量子绩效“过程结果集成”的平衡计分卡框架体系。作为“仪表盘”，可以反映个体、系统和组织当下的绩效和运营状态。组织管理者也可以深入掌握和熟练运用量子绩效管理准则内容，有效地将组织目标和指标的绩效考核内容层层分解到部门，进而分解到全员，有效引导组织的各部门和全体成员实现共同的目标，从而朝着共同体组织迈进。

3. 量子共同体管理之道

量子共同体管理必须体现多层整体性、敏捷关联性和永续发展性。

多层整体性 必须考虑组织内部所有成员和外在社会环境的关系与责任；把组织视为一个整体，在此基础上确立共同的战略目标，并分层执行行动计划，在行动时保持协同统一。

敏捷关联性 必须保持敏捷的相互关联机制；组织各要素、流程及环境之间相互关联，并建立相应的观测与改进统一体系。

永续发展性 永续发展性构筑在多层整体性和敏捷关联性之上，“永续”表示“过程”的连续，“发展”表示“结果”的涌现；组织绩效管理系统的各个要素以充分关联的方式运行，能够积极开展内外环境的交互，并能自适应相互协调发展，最终产生可预期的过程和结果。它反映了量子共同体组织的管理之道，是量子组织成功的战略路线图。

4. 量子全息人和量子领导者的培育之道

量子绩效管理范式通过系统的方法和多层统一的结构来倡导和实践五项共同体核心价值观，指导量子领导者从日常繁杂的细节性管理工作中跳出来，为全体员工提供明晰的全域思维导图，能够提高组织的整体协同性、有效性和创造力，创造价值和提升文化，赋能个体和组织，培育量子全息人和量子领导者，以全面的、系统的、共同体的思维来关注影响组织成功的关键要素。

小结

21世纪，由第二次量子革命引发的第四次工业革命已经开始并为管理变革做了铺垫，现代管理理论丛林已经越来越复杂和混沌，在复杂多变、风险日增的环境和世界乱局面前显得无力。从世界发展的趋势来看，全球化、网络化的链接使得人们普遍重视合作和联盟，各类区域性和国际性合作项目与组织协作形式不断涌现，更加重视通过和谐合作发展，保证合作成功和合作项目的质量。领导者们都提出要建设百年组织，希望组织长盛不衰，这就需要寻找一个具有科学性、思辨性、创新性和革命性的管理范式。量子绩效管理范式正好满足了这一需求。量子绩效管理范式，是基于量子科学与哲学思想，对比东西方社会经济发展历史，运用科学结构三类范式，采用定性与定量、资本和文化等双重互补方法，并结合案例而研究出来的。面对不确定的量子时代，量子绩效管理范式为东西方管理理论和管理思想的统一，为企业组织治理和发展思维，提供了一条朝着共同体思维变革的途径。

第 三 篇

量子绩效管理与衡量

第六章　量子组织战略驱动系统

根据量子共同体理论，任何一个观测者和参与者，由于受到环境的影响，催生了量子领导的动机，树立了使命、愿景和价值观，形成了量子文化并构建了量子组织管理的科学结构蓝图——量子绩效管理范式。量子绩效管理范式作为“镜子”可以发现个体和组织能力的优势和劣势；作为“诊断仪”可以发现组织的根源性、系统性及有效性问题；作为“仪表盘”可以反映个体、系统和组织当下的运营状态。

有如建造房子的建筑师，在建房之前必须做足准备工作。根据对环境的勘测、对户主及人们普遍的需求的观测，设想一下应该建造一栋什么样的房子，再编制出设计蓝图和制造计划。本章的内容就是关于如何通过量子绩效管理范式规则来评判组织战略驱动系统的成熟度，并提出活动改进措施和提升方案；关于如何开始创建一个符合量子绩效管理范式的量子组织战略驱动系统，并编制量子战略图，进行战略定位的选择和能力导向。

第一节 变与不变：不变的文化灯塔，变化的战略路径

世界在变，而变化的原则没有变，永续发展的方向没有变。世界因变化的途径不同和内在属性差异，诞生了亿万的天体、物质和物种。

在量子绩效管理范式中，量子文化处于核心，战略是量子领导者引领组织走向未来的重要维度，并遵循开放交互的“环境—战略—文化—过程—结果—环境”循环理论模型，展现了量子模型的战略管理部分。文化是指引组织前行的灯塔，是员工心中的照明灯；战略是组织前行的蓝图，是指引员工行为的路标。在量子时代，不同的组织具有不同的文化，而面对各种不确定因素，选择的不同战略路径如何才能发挥有效性？作为组织，对战略和文化又提出了怎样的要求？

一、文化灯塔：领导初心与使命、价值观和愿景

1. 使命是领导和组织的初心

使命就是人生和组织存在的价值、意义，是一个组织区别于其他组织的最本质的东西，是组织应承担并为之付出的责任。使命的本质就是反映全体员工在组织工作中为谁服务的动机。而量子领导者就是拥有组织初心使命和结果动因的创始者。在组织发展过程中，目标和战略是阶段性的且可能会实现而成为历史事件和标记，使命却是组织无限期的、不断追求的原动力、暗能量。如1944年9月毛泽东向革命队伍全体成员指出：我们这个队伍完全是为着解放人民的，是彻底地为人民的利益而工作的。“为人

民服务”始终成为东方中国的革命队伍所倡导并永远不变的初心使命。正是这样一种为人民的使命担当，激励着无数的革命战士艰苦奋斗，超越自我，甚至牺牲自我。

组织的创始人、高层管理人员应能将创建组织的初心以使命的形式有效地陈述出来，并表达其对世界的认可和价值创造的贡献。组织的使命陈述应具有以下几个特点。

（1）具有激励性的责任担当。许多现代企业组织积极倡导的客户主义、以客户为中心，同样表达了一种创立组织的初心态度和责任担当，这种初心态度和责任担当有一股神奇的力量，将个体的力量集中起来，为全人类服务。这就是一种量子共同体理念。

（2）具有长期性和宽广性，而非具体的陈述。使命应当值得用一生去追求并体现持久追求的决心和动力。要做百年基业，就要格物致知，领会行业本质，终身奉献人生的价值，而不是只谋求企业上市。以获得自己个体的财务自由为唯一目标，终将为资本所劳役。

（3）让人容易理解。选择比较直白、简单的语言来表达使命，避免使用晦涩难懂的词语。要能吸引各层级的、具有相同使命的成员加入，并共同为之努力奋斗。以阿里巴巴为例，其企业使命是“让天下没有难做的生意”，这短短的十个字，简洁又有力，能深深地激励全体成员并引领全球商业伙伴一起前行。

在文化的构建中，使命是原动力，是光源，是领导和组织的初心，是战略制定、愿景和核心价值观构建的根基。在量子绩效管理范式中，通过组织文化核心将使命内化为战略和四个运营维度的绩效目标以及对应的各类指标。通过文化核心，量子绩效管理范式的目标和指标均与使命链接，使得全体员工同心同德同行。有使命感的组织，总是让人感觉更有精气神，能创造更高的价值，有更高的协同能力。

2. 价值观是组织的文化核心

价值观就是人生和组织应遵守的道德和行为的基本原则，是文化核心。有了价值观的指引，组织成员就有了同行规范的准则，有了构建量子共同体的内在信仰标准。在量子世界观里，行为的价值判断没有绝对的正确或错误之分，而是受观察者影响。所以，每个组织都可以基于量子共同体的理念进行思考，并从无数的行为价值观内确定能够反映本质的核心价值观内容。在许多企业组织中，核心价值观反映了其创始人或首席执行官强烈的个人信仰和价值判断。正如一个家庭的家风和父母的行为作风对孩子的人生价值观会产生重大影响一样，给组织定下基调的也是组织的领导者。而组织和领导者的价值判断又受上一层级即社会环境的影响，如东方中国企业组织的价值观既受社会主义核心价值观的引导，又受更深层的传统儒家文化的熏陶和影响。中国传统文化不仅影响着中国企业组织，而且在世界范围内有着广泛影响。比如《道德经》被很多德国家庭留存，孔子和康德共同被尊为教育学的奠基人。1935年建成的美国最高法院的门楣上刻着孔子、摩西、梭伦三个人的名字，孔子代表智慧，摩西代表宗教，梭伦代表法律。1988年，75位诺贝尔奖获得者在巴黎发表联合宣言，向全世界呼吁“21世纪人类要生存，就必须汲取2500年前孔子的智慧”。所以，一个领导者的行为，不仅向下影响家庭成员，向上也可能带动社会环境的变革。因为从家到国乃至天下是一个共同体，量子领导者要做好个人表率，成为文化建设的先行者、培育者和护航者。我们相信，人类和自然有内在的量子共同体价值观，并值得我们共同追求。

每一个组织都有一套价值观。人有人品，家有家风，国有国格。企业组织应该明确建立自己的核心价值观体系。如果一个组织缺乏价值观或价值观不明确、不公开，就容易被领导人的个体奇想所左右。价值观体系是一个多层统一的体系，其尊重个体信仰，关注组织目标，遵循商业伦理和承担社会责任。每一层相互依存并体现各自的价值。从组织的时空行为表现就可以观测出这个组织的特性，但组织的价值观不是每个人价值观的简单总和，而是每个人所坚持的原则的综合，是一种集体的超越、团队的力量涌现；同样，虽受共同价值观的指引，但并不是每一个个体的自由特性被抹杀，而是个体互补性的特性得到充分发展，正是这种差异性的存在更加有利于共同体价值的进一步发挥。这就是量子组织的神奇特性，集体波性和个体粒子性相互处于叠加态。

如何找到企业组织所依赖的现有文化价值体系，并变革企业组织的价值观？在本书的前五章，量子共同体理论提供了事物发展的三项规律和系统的量子思维方法并构建了量子共同体价值观和量子绩效管理范式。企业组织可以借鉴并思索出新的解决问题的方法，建构自己组织的核心价值观。通过生存和发展两个层面，设计三个基本问题：我是谁（个体价值）；我们之间是如何链接和运作的；企业组织经营成功的关键要素是什么。2019年11月11日，腾讯正式公布全新的使命与愿景为“用户为本，科技向善”，并将公司的价值观更新为“正直、进取、协作、创造”。马化腾在微信朋友圈诠释了“科技向善”，称“我们要‘一切以用户价值为依归，将社会责任融入产品及服务之中’，更要‘推动科技创新与文化传承，助力各行各业升级，促进社会的可持续发展’”。因此，建立好的组织核心价值观，要经历许多年的不断磨合，不断进行量子纠缠、产生心灵感应，将组织链接成一个灵动的多层整体并与环境契合。

量子绩效管理范式，将多层关系有机整合于一体，每个员工都能清晰地看到自己的位置及与各层之间的关联，明确日常行动如何既能发挥和体现自己的价值，又能与组织的价值观保持一致，为集体的成功贡献自己的力量，能真正成为一个量子全息人，从下到上，做到个体和集体兼顾。而量子领导者作为参与者，可以从上到下传达价值观和战略引领，将目标和具体指标分解、执行下去，做到全员协同一致；量子领导者也是观测者，要判断和发现员工或系统出现的价值观问题。

3. 愿景是呈现全员愿望的雄心

愿景则是一个组织未来一段时间的具体展望，所描绘的是实现整体发展目标的理想状态和具体场景。使命和价值观，决定组织前进的具体深度，也就是组织愿景的内容。有了愿景就可以在文化灯塔的指引下，实施动态的战略转换。愿景的大小决定组织的战略格局的大小。

如果使命是灯塔，那么，愿景就是漫漫路途中的航标、驿站。在复杂多变、不确定的环境中，有了愿景就有了阶段性的、具体行动的指南，有了前进的信心和原动力。因此，组织必须建立愿景。愿景描述的是在未来5到10年或更长时间的发展前景和发展方向，愿景包括在相关领域所能达到的具体形象、领先地位和优秀能力等要素。愿景陈述来自高层管理人员的思维碰撞、行业认知和归纳，最终尽可能让组织中各层级的成员评议和接受。企业组织的有效愿景陈述应具有以下几个特征。

（1）简洁。最简单的愿景陈述最有力和最令人记忆深刻，可以把它看作组织未来奋斗的口号。最好是一句话。

（2）建立在一种普适的共识之上。无论是内部员工还是利益相关者，都能获得共同体的认可和支持，如华为提出的“丰富人们的沟通和生活”。

（3）具有激励性、可行性。不同的利益相关者有不同的愿景陈述，在一定时期内也是可改变的。如腾讯在其23年的发展历程中曾3次修改公司文化愿景。

（4）基于使命、核心价值观的基础。使命是方向，愿景是基于价值观行为能力之上的具体场景展现。如阿里巴巴的愿景为“成为一家持续发展102年的公司；成为全球最大电子商务服务提供商；成为全球最佳雇主公司”。

量子领导者的责任就是要聚合共同体内每位个体成员的自身目标和对集体的愿景以及共同体外的利益相关者信息，构建文化灯塔，要“不忘初心、牢记使命”，共同制定并实施战略。而量子绩效管理范式就是实现这一崇高集体愿景的方法。另外，量子绩效管理范式能够准确地通过目标用指标体系平衡共同体所需要的个体能力、过程和客户需求。

二、战略选择：不确定环境与路径变化

诞生于2500多年前的《孙子兵法》被看作是一篇杰出的战争论、战略论，其中“慎战”“五事七计”“诡道十二术”等都是中国古代最早的战略概念。如“用兵之道，以计为首”，其中“道”就是总体战略，并强调计谋。谋略不是小花招，而是大战略、大智慧。1936年毛泽东在《中国革命战争的战略问题》的演说中指出：“研究带全局性的战争指导规律，是战略学的任务。”

可见，战略自古至今都备受关注，是人类组织发展的航标和驱动力。如今战略已成为一个被广泛使用的概念，其内涵和外延都非常广。如人才

战略、科技战略、企业战略、区域战略、国家战略、全球战略等。如此繁杂、多变的战略，让组织领导者们无所适从。在不确定的环境中，组织领导者该如何进行战略选择？

100多年前，第一次世界大战期间，十月革命的成功让马克思主义从当时传播于中国社会的众多思想中脱颖而出，中国革命的星火初燃。1921年7月，在东方中国的嘉兴南湖上，一艘丝网船上载着来自不同地方的十几位代表，他们心怀梦想聚集在一起，庄严宣告了中国共产党的诞生，而这艘画舫成为中国革命源头的象征。经过多年革命斗争的艰苦实践，直到1927年10月后，中国共产党才创建并巩固扩大了中国第一个农村革命根据地——井冈山革命根据地，从而推动了革命事业的发展。正是这样一个共同体自组织，在如此不确定的环境中，且在组织成员随时都有可能牺牲生命的恶劣和复杂局势下，不断蝶变和发展壮大。经过近三十年的浴血奋斗，建立了中华人民共和国。中华人民共和国成立后，继续进行战略调整，带领人民持续向贫困宣战，成功走出了一条中国特色扶贫开发道路，在中国共产党成立百年之际，7亿多农村贫困人口成功脱贫。中国成为世界上减贫人口最多的国家，也是世界上率先完成联合国千年发展目标的国家。

进入21世纪，与100多年前的动荡世界相比，社会经济发展持续保持相对稳定，但面对相对复杂多变而又充满欲望的环境，有些企业家和高层管理者竟然产生“战略无用论”，甚至沉浸在多金的资本市场，抛出“无暇制定战略论”，仅凭创始人的情感偏好和功利性趋向，到处撒金，“攻城略地”。不确定的环境是始终存在的，但若再加上不确定的文化情感或短视的功利主义，最终将导致许多企业组织的战略性短命。实践证明，留存千年百年的长寿组织，不论环境怎样变化，最大的特点就是心中始终屹立着一座文化灯塔，而发展战略始终紧随环境自适应调整。

所谓“一流的战略家”，不是你对未知能进行精确判断，而是组织朝前运行时，该组织本身尤其是驾驶组织战车的人，能使组织不断修正、不断纠偏，以及使其大致的方向不会走偏。战略的本质是路途的航标，发挥不断试错与自我批判、自我纠偏、自我修正作用。

1935年1月的遵义会议，就是在中国工农红军第五次反“围剿”失败和长征初期严重受挫的情况下，一次极其重要的战略纠偏会议，是中国共产党第一次独立自主地运用马克思列宁主义基本原理解决自己的路线、方针和政策方面问题的会议。这次会议挽救了中国革命，是一个生死攸关的转折点。

例如，在华为的战略发展过程中，其创始人任正非始终保留着一票否决权，关键时刻发挥着战略纠偏作用。所以，华为在受到外部贸易打压的不确定情况下，能够及时拿出并开启准备多年的战略防备预案，实施战略调整。战略能否得到调整，相当重要的一点就是这个组织是否具有强大的创新活力，是否具有强大和快速的自适应能力，以及试错和纠偏的能力。活力越大的组织，其文化链接力必须越强，文化灯塔作用和领导三力要得以充分发挥。我们将这类组织称为量子自适应组织。

新冠肺炎疫情的发生警示我们，在保持人类自由和活力的基础上，更应该在全人类心中构建笃定自信的命运共同体文化，坚守人类共同体文化灯塔的指引和坚持持久性战略的奋斗。无论多么伟大的事业、多么浩瀚的工程，都是始于初心梦想、基于战略创新、成于艰苦实干。

第二节 战略管理思想：量子竞争和合管理

一、超越竞争：量子竞争和合战略管理理论

战略管理思想是企业组织战略管理的灵魂，是指导战略制定、实施的基本思路和观点。任何管理思想和战略观念都受到社会经济环境背景的影响，东方文化环境与西方文化环境背景不同，相互之间存在一个组织战略决策与管理思想自适应的过程。

目前，主要有战略联盟、战略竞标和战略再造三种战略管理思想。其中，战略联盟是两个或两个以上的企业组织为了实现共同的特定战略目标而达成的长期联合与合作安排。联盟双方是平等互利的关系，“合则聚，不合则散”是联盟行动的基本原则。据相关统计，战略联盟作为一种新型的组织形式，失败率为30%～60%。其制定出的战略只有25%得到了实施，似乎印证了“战略无用论”。但是在量子绩效管理范式中，我们所理解的量子战略驱动系统，量子自适应组织的战略和结果不是因果关联的，而是超越合作竞争和绩效结果并具有更深层的思想和理论内涵。

西方的合作竞争理论虽然从以“商场如战场”传统理念的“纯竞争战略”为主导，向以“合作竞争战略”为主导转变，呈现出合作与竞争同时存在或交替出现的状况，是一种可以实现双赢的非零和博弈，但其只是研究参与者两两之间的二元合作竞争关系，基于表层的保护资本利益的网络商业系统，重视组织的资本属性，忽略了组织的社会性和复杂性对博弈的

影响，没有考虑与整个社会和环境共同体的关系。另外，它依然是以双赢资本利益博弈为价值目标，而没有考虑企业组织文化初心对系统的选择自由以及企业组织本身的能力与能动作用都直接关系到系统的文化链接力的稳固。如英国2016年6月开启的“脱欧之路”，就是持久的利益纠纷而最终导致欧洲一体化进程受挫和商业生态系统的裂痕出现，“入欧”和“脱欧”都是基于利益，共同体的价值观和文化认同在利益面前消失殆尽。

2019年11月，以福耀玻璃集团在美国所建工厂为对象的纪录片《美国工厂》热播。福耀玻璃董事长曹德旺在接受媒体采访时说：东方文化的信仰是谦让、孝敬，美国是公平，这就是冲突。让中国人接受美国文化，根本做不到，因为这与宗教、气候、生活习惯和经济条件都有关系。因此我们应该学会改变自己，让自己创造条件去适应环境。同样，华为遭受外界打压时，其创始人任正非对媒体提出的如何看待“断供”等问题，做出了解答：要超越华为、个人、家庭去思考问题，才能客观；千万不能煽情，不能使用民粹主义这种东西；我们不会轻易狭隘地排除和抵制美国芯片，应该融入这个世界，融入世界才能很好地生存，要共同成长，造福人类社会。因此，只有通过自我竞争、自我改变，构建和合共同体，才真正体现企业家领袖精神，这就是一种“超越竞争”的“自我超越”的量子精神，是符合量子竞和战略管理理论的理念。

量子竞争和合战略管理理论具有竞争与和合的理念，来自量子共同体精神“自我竞争、和合与共”。该理论以“自我竞争”“超越自我”为目标，并不直接设竞争对手，而是直接应对外界环境的挑战和以满足客户需求为己任，不满足于已取得的成绩，不断奋发向上；以建立“和合”集体精神的共同体为第一目标，遵循“和合与共”“尊异求同”“和而不同，兼容并蓄”共享资源运营方式，最终实现“共建、共享、共赢”和合集体精神的共同体目标。该管理理论加强了对人的重视，对核心文化的重视，表现为量子全息人（文化灯塔）和量子领导培育战略（领导三力）。主要观点就是量子组织努力将各个层次的员工培育为普遍具有量子精神、思维和行动的全息人，并努力发挥整个公司员工的量子领导精神

二、量子领导与战略定位

量子领导初心与组织战略定位和目标调整是紧密相连的。组织都会有生命周期，有一个从出生、成长、成熟、稳定、衰老直至死亡的过程，也会有领导者的更迭、组织的转型等。组织在不同发展期和不同环境下，发展战略会有自适应调整。在制定具体战略目标、寻找环境的有序或获得创新源泉时，必须从下到上尽可能收集和研究所有能找到的背景材料。领导者和高层根据成员特定的背景和经验来判断，必须全面与内外环境交互，因为不稳定性和不确定性总是在开放系统中存在，因此建立敏捷的彼此关联的共同体体系相当重要。

例如在中国辣椒酱行业，品牌很多，有人会问：为何文化程度不高的“老干妈”陶华碧女士会选择做辣椒酱，并可以走向国际市场？1989年，在贵阳市南明区龙洞堡的一条街边，陶华碧并不是专卖辣椒酱，而是卖凉粉和冷面。为了赢得顾客，她凭借自己独特的炒制工艺，制作了专门拌凉粉的佐餐调料辣椒酱。由于观察到顾客喜欢吃她做的辣椒酱，因此她花了几年时间，潜心研究和反复试制，制作出了风味更加独特的辣椒酱。直至1996年7月，陶华碧雇用了40名工人，办起了食品加工厂，专门生产辣椒酱，定名为“老干妈”辣椒酱。此后，凭着创业“绝招”——“拼”

和“真”，陶华碧一步一步把“老干妈”做成了国际知名品牌。陶华碧的“拼和真”指的是，做事苦活累活亲自“拼”，做人对内对外都较“真”。她对内有“真情”，真得员工不忍背叛；对外讲“真诚”，诚得别人不忍欺骗。“老干妈”每年在质量、销量和品牌方面都上一个台阶。2012年7月，美国奢侈品电商Gilt 把“老干妈”辣椒酱奉为尊贵调味品，限时抢购价11.95美元两瓶（折合人民币约79.1元）。2013年，“老干妈”的企业产值达37.2亿元，上缴税金5.1亿元。

在实践中，一些企业组织一遇到发展瓶颈或困难，就迷失了自己的定位和发展方向，一门心思只想转移战略，希望投向更高利润、赚钱更快的产业。在这个过程中，企业组织领导者最可能犯战略错误，往往会忘掉初心，战略思想更加偏向利益价值，价值观体系失去平衡，失去文化自信，迷失方向，导致整个组织走向无序、混沌，甚至塌陷。

同样以“老干妈”辣椒酱为例。2014年后，“老干妈”的创始人陶华碧把企业逐步交给了自己的儿子。因领导者的更替，继任者对组织战略方向进行了调整，一是产业转移，将部分资金转移到资本市场；二是利益转移，为节省成本，更换了原材料供应商，致使质量和销量双双下降。紧接着，企业内部又发生重大商业机密遭到窃取的事件，“老干妈”进入混沌的边界。直到2019年70多岁的陶华碧重新“出山”，带领“老干妈”回归初心，并回绝了资本市场频频抛来的橄榄枝，才留住了口碑，最终实现了营收的“回春”，创下营收50亿元的历史新高。资本利益会带来快感，软实力文化则能成就千秋万代的事业。

进入21世纪，战略管理变革的总体趋势是注重人性化，更加关注如何激发员工内在动机并发挥其创造性，促使员工获得自由和全面的发展，而创业者、企业家是社会经济变革的战略引领者之一，表现为企业家战略、量子领导者战略。量子领导者是企业组织的“灵魂”人物，要决定其战略定位；在企业组织发展过程中，要决定组织的战略定力。这一观点是要将组织各层次的员工培育为普遍具有“无我”的量子领导精神、思维和行动的人（量子全息人或战略家），并努力发挥整个组织员工的量子领导者精神。以“无我”的量子领导精神为特征的量子组织以异质的领导智力资产和人力资本来持续创新，打破均衡，发挥自我竞争优势和创造显著的绩效。

第三节　组织设计：定力与能力，统一与关联

一、外部战略定位与内部能力导向

战略管理的起点就是要对组织进行战略分析。战略分析包括内部环境分析和外部环境分析。依据量子绩效管理范式框架体系，战略分析的基本过程如下：首先从外部经济产业环境中，选择组织希望经营的客户市场和产业产品，然后确认关键的组织内部运营流程，再在个人和组织内部按照员工、产品、客户和资金四大要素分配资源和在设定目标时必须具备的能力。只有具有表现卓越的运营流程，才能创造合乎目标市场和使客户满意的价值主张。外部环境分析的基本工具，可选择波特五力模型和波士顿矩阵法。其中，波特五力模型是把供应商的定价能力、购买者的讨价还价能力、潜在进入者的威胁、替代品的威胁、同行业竞争者的力量这五种基本力量作为竞争的主要来源的一种战略分析方法。这些力量汇集起来决定着

该产业的结构和最终利润空间及其盈利能力。最终利润空间将随着这五种基本力量的合力变化而发生根本性变化。产业结构强烈地影响着竞争规则的制定以及潜在的可供选择的战略。任何企业都不可能也没有必要占据价值链的全部，关键在于企业的战略定位。

在不确定的环境以及复杂多变的客户需求面前，依靠战略定位来创造价值和提升绩效往往是较难把控和短暂的，更多的是依靠组织独特的能力、资源和核心竞争力。通过内部环境分析，即对企业组织内在的自身资源与能力的战略分析，强调组织内部要素的差异性，尤其是组织核心竞争力和动态能力为应对不确定环境、业务多元化提供保障。如福耀玻璃公司董事长曹德旺人生经历十分丰富，面对外界的引诱，始终能抵住诱惑，保持战略定力，不从事玻璃行业以外的房地产等行业，而是精心培育专注规范和技术创新两种能力，成就工匠精神，发挥其设计和制造出色玻璃的能力，紧跟技术的发展，开拓了各类汽车等细分市场。华为和老干妈都是非上市的国际化公司，二者的共同特点，就是在复杂多变的国际市场，量子领导者的战略定力、诚信文化与工匠精神都使其获得业绩优势。所以，组织应该基于共同体核心价值观文化，结合自身核心竞争力或独特能力部署战略，首先是确定组织的独特专有资源，其次明确具体何种市场能发挥最优效益，再次确认服务该领域的哪些企业组织，最后依据组织内部运营流程并从客户角度确认对应的核心竞争力和动态能力，不断成就量子全息人和量子领导者。

战略定力与核心竞争力及能力导向之间互补关联，量子组织及其领导者既要坚守文化灯塔和保持适宜的战略定力，又要坚持组织的核心竞争力和动态能力培育导向，造就具有工匠精神和共同体文化的量子全息人与量子领导者。内部环境分析采用SWOT分析法，就是结合内部环境与外部环境整体性需求，对内外环境中基本要素进行互补分析，将与研究对象密切相关的各种内部的优势与劣势以及外部机会与威胁等，通过调查列举出来，并依照矩阵形式排列，然后用系统分析的思想把各种因素相互匹配加以分析，从中得出相应的结论，而结论通常带有一定的决策性，对制定相应的发展战略、计划和对策起到支撑作用。

二、量子能力理论：核心竞争力与动态能力互补关联

企业组织员工能力的集合，体现为整体的综合能力。核心竞争力是组织拥有的核心技能和隐性知识，是组织拥有的软性价值资本，也是组织决策和创新的源泉；能力决定了组织的规模和边界，也决定了组织多元化战略和全球化经营战略的广度和深度。如华为作为一个非上市公司，其在产品专利、全球化战略等方面的核心竞争力，使其在与有资本助力的国际上市公司竞争时，也能立于不败之地，从而成为具有国际竞争力的知名企业。核心竞争力来自不断的集体学习和价值观传递，来自互补特性差异的引导，来自经验规范和创新实践的过程，是创新与规范的互动。在不确定的现代市场竞争中，核心竞争力反映的是价值创造能力与文化精神培育二者的竞争，是既要基于产品战略定位而坚持战略定力，也要基于核心能力导向而培育共同体文化的竞争。

在不确定的、动态的环境下，获取持续竞争优势的基本模式已经转向动态的竞争优势；在超越竞争环境下，组织借产业战略定位所积累的核心竞争力被快速的技术迭代所弱化，甚至成为变革的障碍。因此，组织必须敏捷响应外部需求，及时调整内部资源配置，快速培育并获得应变的动态能

力。“动态能力”是指企业组织利用IT技术资源、组织资源和管理资源，将之应用于恰当的流程中，培育员工独特灵活的能力，来满足客户和市场日趋快速变化的需求，并带来超额回报和稳步促进组织发展。

核心竞争力与动态能力是互补关联的，创新对应动态能力，规范对应核心竞争力，符合量子二元互补的创新规范互动理论，在此我们也将其简称为量子能力理论。核心竞争力与动态能力的互补差异性明显。一是核心竞争力具有稳定性、持久性，而动态能力具有开拓性。动态能力是创造性毁灭的能力，是改变组织能力的能力，是创新的动力，具有再生性、开拓性。当然，动态能力培育不仅要关注组织特有的组织惯例和依赖的经验性路径，更要关注克服核心能力惯性的创新变革和开拓性能力。二是核心竞争力具有彼此难以模仿的独立性、封闭性，动态能力具有开放性。动态能力是组织整合内部知识而积累的知识与开放环境交互吸收性知识融合的产物。动态能力是开放性的交互，显现能力的灵活性和刚性融合。三是核心竞争力具有惯性，动态能力具有不定性、顿悟性。动态能力是建立在组织的核心竞争力流程基础上的，是在与外界环境的紧密互动中，突然产生的灵感和顿悟的创新变革，具有短期性、顿悟性、迁移性、创新性和不定性。

创新规范能力的形成主要是由量子领导者和中高层态度、组织设计和人力资源管理等多方面因素决定的。一是量子领导者要时刻关注量子组织中奇点、躁动或破碎的噪音，要引导其消除或促进其培育；要在动态环境中保持开放，提供新的战略观念，崇尚开拓性变革的学习能力；要鼓励创新，容忍失败。二是组织通过灵动的组织设计，建立有量子领导的自组织群，提升组织多样化的动态能力，随时调整结构和资源，重新组合和配置，形成结构与战略的跟随互动。三是加强人力资源和知识管理，形成创新规范价值观，注重组织结构的开放性、量子全息人和量子领导者的培育，增长知识的鲜度、宽度和深度。如在《地道战》《地雷战》等影视作品中，没有受过专业技术教育的游击队员在实践中具有惊人的动态创新能力，不断地创新游击战术、制造出新型地雷武器。

三、战略系统设计：多层统一，互补关联

战略引领组织的发展。组织没有战略，就没有未来。而就战略本身而言，大致涵盖了五个方面的内容：战略使命、战略定位、战略范式、战略谋略、战略计划。战略使命，就是一种远景透视，是组织的发展愿景蓝图；战略定位，是指具体组织活动要达到的特定目标；战略范式，是指组织准备采取的活动方式；战略谋略，是一种获胜或取得成功的手段或具体战术；战略计划，是指具体实施方案，包括具体行动的原则、时间安排和事务的开展。

用量子共同体理论解释，就是量子领导由初心产生“动念”或“动机”，由此建立共同体组织，而组织从全局谋划实现共同体目标的长远谋略，即制定战略。我们把为组织全局的、长远的发展方向、目标、任务和策略以及资源配置做出决策和管理的整个实施过程，称为战略管理。战略管理描述的是不确定环境下的战略与领导力、战略文化与战略行为。因此，组织战略管理的引领作用主要在于：能在较长的时间内，合理整合内部四大资源要素以及系统与子系统、子系统与子系统，实现系统与外部环境的交互，保障组织成员的行动协同和行动的顺利开展并准时或提前实现目标。

组织推行量子绩效管理范式时，战略定位非常重要，能促使领导者保

持一定的战略定力、为全员提供清晰的“战略地图”并能进行战略系统管理。做好了战略定位，组织全体人员就有了一个具体的奋斗目标和方向，明确自己在整个组织战略中所处的位置及与各系统和组织的关联。在同一个时期、同一个区域、同一个行业，不同的组织制定的战略也不尽相同。那是因为组织的使命、价值观和愿景不同，领导者的个性和格局不一样。科学的组织战略管理，必须有科学的战略设计。战略设计必须适应环境的变化，从而反映行业的基本特点、市场的千变万化和时代的根本要求。在战略设计过程中，需要遵守一些基本原则，把握二元互补平衡。

1. 全局性与层次性

战略是在一定时期内发展的全局性的指导系统，根本目的就是取得组织集体行动的胜利，而不求个体或局部的发展。而量子共同体组织系统是多层整体的，对应不同层次、不同阶段的子系统战略。如企业组织战略主要基于组织的发展领域和方向定位，制定多元化与专业化、规模优先与效益优先等经营战略，以及产品创新战略等。另外，还有“短期、中期、长期”以及“创业、发展、腾飞”三步走的战略。总之，这些战略既有区别、分层，又是一个相互关联的整体，而且在实施时要保持协同的延续性和连贯性。要使一个组织内的数千人或亿万人朝着同一个方向前进，就必须让所有人都理解战略。

2. 长期性与可行性

战略创新的全局性特征也表现在时间的长期性上，需要在长时期内对组织的生存和发展进行通盘筹划，以适应不断变化的组织环境，引领组织保持持久的发展方向和原动力。而组织领导者的视野是决定组织战略创新能力和转型升级的重要因素。科学的战略若要落地实施，就需要全体员工的执行和共同奋斗。所以，计划执行和战略升级是不同的，有时需要借助“外脑”支持。战略目标的制定一定要具有执行的可行性，既不能过于轻松或太保守而延误时机和阻碍员工能力提升，也不能因不切实际、执行不下去而失去信心和动力，甚至过于急躁冒进而“失序”崩盘。要让战略有效可行，必须做出权衡和取舍，做到合理分工和专注，让整个组织围绕所选的事去努力并创造价值。

3. 稳定性与适应性

战略具有在一定时期内的相对稳定性，不能朝令夕改，否则就会迷失方向、无所适从而浪费时间和资源。尤其是涉及行业本质性和文化根本性问题的战略，如为客户提供行业价值导向等，不应经常做大的改变，保持文化核心价值的“战略定力”非常重要，否则就会出现革命性震荡。所以，相对稳定性是相对于过去的战略，借鉴前期的社会实践和经验积累，掌握分析量子组织的相对稳定集体波性趋势，同时结合自身个体优势和机遇调整适应。战略发展的本质是动态的、不断随环境修正的。因此，要将组织个体和子系统资源与环境机遇进行适应性的合理配置，过于僵化就会导致失败；同时，要鼓励创新，允许试错和失败。稳定性、适应性创新变革能带来融入现有战略的新机会，如中国“大众创业、万众创新”的改革实践活动。

根据产业战略定位，进行内部资源能力分析，并在此基础上，识别、评价和选择适合的基本竞争战略，包括成本领先战略、差异化战略和目标集聚战略。努力使这三种战略均衡，一是要开源与节流融合，二是要多元化与专注集中结合。企业组织竞争优势的基本形式与组织寻求获得这种优势的活动范围相结合，就可以引导企业在产业中创造出高于平均经营绩效水平的三个基本竞争战略。

总之，战略管理具有“多层统一，互补关联”的特性，而量子绩效管理范式提供一套领导观测手段、员工实施工具和全息战略图。战略管理的具体实施，既需要量子领导者从上到下的战略观测，进行全局性、长期性和稳定性的战略定力掌控，也需要全体员工从下到上的战术执行，有层次性、可行性和适应性地实施。不变的是文化灯塔，变化的是战略路径，只有上下联动、战略与战术二元互补配合，方可实现战略管理成功，并建立量子组织战略驱动系统。

第七章 量子组织运营与协同赋能

本章将从量子组织的有关“人”的核心关键因素——技术平台、集群文化和创新战略来分析组织的运营。

第一节 平台运营：从分立自组织到集群共同体

一、量子自组织运营法

在传统的组织架构中，各层级部门之间保持长期的相对稳定和完全独立，所有高层领导指令从上到下传达，是金字塔结构的科层制组织（见图7-1）。在量子绩效管理范式中，员工、产品、客户和资金四大要素，随着不同组织的功能不同，可以设立对应的部门。如“员工”要素对应“人事部”，负责员工的招聘、学习和培训工作。每个部门组成一个自运营单

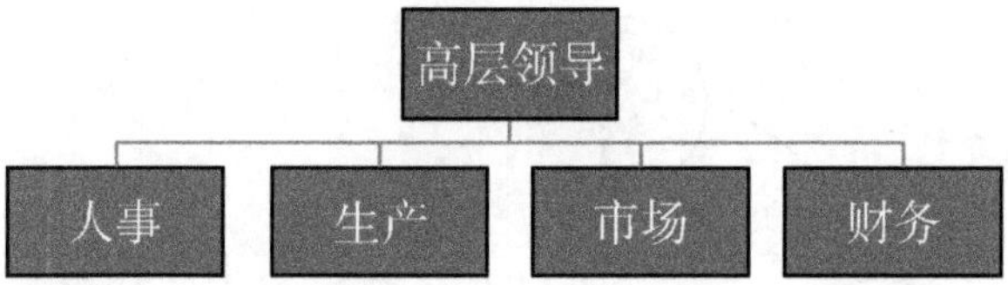

图7-1　传统的层级部门

元，即量子自运营组织（量子自组织）。在四大运营要素组成的整个运营层，各量子自组织同层横向之间，形成类似“量子转盘”的运营圈层。量子自组织可根据业务关系来划分，并不完全按行政组织来划分；团队成员强调一专多能、熟悉团队内各项流程，保证工作氛围的信任和协同，因而每位员工在工作中不仅要执行上级的任务，更重要的是积极参与，起到决策和辅助决策的作用；量子自组织内人员接受团队内部的评价，并且关注基于长期过程的评价，以充分发挥基层的主观能动性。每个量子自组织内部，又可构建较小一级的自组织团队，也就是“圈层”之中又有“圈层”，针对不同的业务项目，建立不同的运营团队，成员之间因工作关联可以相互变动；同一个人可能属于不同的团队，是多种身份和能力的叠加态，充分体现量子全息人特性。整个组织都是相对动态的，由不同层级的自组织构建，自组织内成员可以按需流动，也可以因问题或项目重新构建，而具体的沟通由观测者来保障和实施，并始终围绕组织文化和战略发展，这就是量子自组织运营法（见图7-2）。

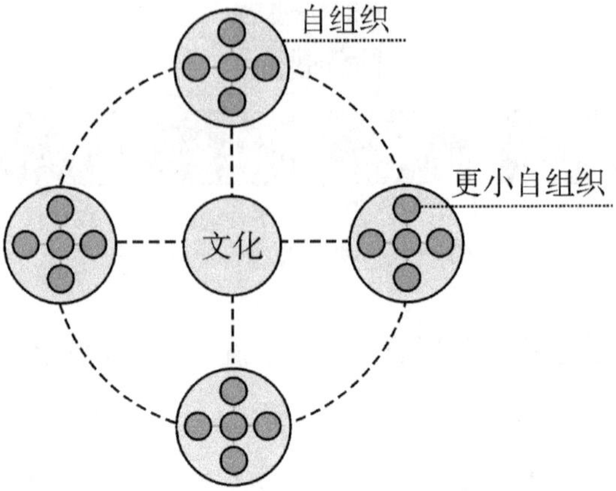

图7-2　量子自组织的圈中圈模型

量子自组织的划分方法，与部门目的有关。在量子管理系统中，对内的员工维度对应人事管理，与对外的客户市场部门之间是二元互补关系，而对外关联多的产品部门对应生产流程，与对内的财务部门同样属于二元互补关系，因此人事管理部门以文化建设为主、财务部门以价值评价为主，要求保持相对稳定，而产品生产部门和市场部门应该保持足够的交互活力，构建相应的量子自组织。

量子自组织运营法的内涵，体现在把组织按业务尽量划分成一个个小的集体，通过独立运营单位加以运作，主要在组织内部培养具备共同体全息运营意识的领导者，并且实现全体员工都参与运营的全员知行合一型运营方式。员工只有全息和整体性思考问题，才能明白自己在集体中的定位和岗位价值，若能像领导者一样思考，才会有自我经营的主动意识，才能发挥自我批评的超越精神，才会懂得如何通过团队协作，真正完成好组织下达的工作任务，并最终实现整个组织的成功。因此，量子自组织运营主要有三个目的：一是以部门为自组织运营单位；二是培养具有全域运营意识的量子全息人才；三是实现全员参与的共同体运营模式。量子自组织运营的核心思想是为组织培养具有“自我竞争、和合与共”精神的领导者，在组织内部导入量子科学哲学思维，让组织拥有共同体核心价值观文化。

二、量子领导层与集群共同体场

量子运营层各岗位部门，本身设置就有一定的集成性，但必须通过动态的流程管理，来实现整体性行为结果的涌现。如何将一个多层的组织、分立的部门，进行组织设计、行为规范和准则实施，而形成多层统一、相互关联的整体？如何通过满意的、自适应的流程进行集成化管理，形成共同体思维，产生共同行为，最终使组织更好地发展和壮大？如何在量子共同体的多层之间、同层各岗位环节之间建立关联和信息传递机制？如在20世纪90年代的广东省中山市的一家电风扇生产厂，其组织生产线依靠一种被称为“看板”的形式。即下道需求的信息由看板传递，要求上一道工序加工完的物件立即进入下一道工序，各个生产单元自己安排生产计划和调度，而没有采用形式上的集中计划，生产单元之间的信息传递和协同非常紧凑。每个部门组成一个自运营单元即量子自组织。量子自组织同层横向之间，形成类似于“量子转盘”的运营圈层，部门之间同样保持紧凑的关联和信息沟通，可以开展“并行工程”和各自的工作计划，表现出高效率。上下纵向层与层之间，属于积极的上带下的关系，即领导层对自组织的互信和授权管理，不存在监督工作关系，领导团队主要负责保障同层自组织或部门之间的沟通协同、培训赋能以及维持共同体的使命和愿景。

量子组织集成程度和成果的取得与否表现在人员和信息管理的以下几

个领导原则特点：每位员工都能理解组织的共同体远景或愿景，得到正确的信息、资源和岗位职责要求，能做出正确的事情；有好的量子领导者，被授权的自组织不仅有能力也有意愿参与决策过程；全面而有效的沟通平台与职位无关，能实现全方位传播；具有分布式决策并产生分布式的自组织。基于上述原则，量子组织构建一是要有更好的行为准则和组织结构，二是要有信息技术的应用。通过引入共同体/集成概念和理论并植入软件工具中来建设网络。这样的网络在大型、分布式的组织中，有利于协调决策和行动。在量子时代，组织实际上是一个能量（能力）集成的共同体量子场或集群体，透过核心竞争力和动态能力可以看到量子型组织的整体实力。

组织的多层主要体现在：从管理层级角度，分高层、中层和基层；从功能属性角度，分宏观集成、中观集成和微观集成。宏观集成主要体现在资本、文化以及二者集成的三种形式。如华为为非上市公司，以文化集成为主。上市公司以资本集成为主，具有强大的竞争实力。没有上市的公司难以匹敌上市公司。当然，随着上市公司发展规模的不断壮大，如果集成不成功，没有形成共同体量子场，就会出现领导层多、结果复杂、决策速度慢、响应市场速度慢、内部开销大、经营成本高等问题，反而不如非上市公司“短小精悍”，竞争不过非上市公司。要想成功，保持机构的灵敏反应度非常重要。中观集成，则是以产品为中心集成一群组织，形成供应链和销售链。微观集成则是以一个组织内部行为为中心的单个组织内部各部分的集成。

如中国整个制造业大组织，就对各产业链进行了无限拆分，凡是可以独立的，就独立出来，成为一个独立的生产单位，由一个新老板来独立经营。甚至一个小小的零配件都是由一个独立的个人、家庭来独立自主地经营一家单独的小工厂进行生产，形成无比精密的产业分工和产业协作。比如，在中国南方的中山市，有一个面积不到50平方千米的灯饰古镇，那里分布着成千上万家前店后厂式的独立经营灯饰配件和装配的小作坊式工厂，而大小工厂之间、各产业链之间又彼此建立紧密的协作关系，通过各类媒体资讯、国际网络和线上线下展示平台，与全球商家建立商贸联系，整个古镇灯饰贸易占国内灯饰市场60%以上份额，成为国际灯饰产品集群地。由此可见，中国的制造业，是量子自组织运营式的，通过平台链接，又发挥和谐合作的产业组织集群化优势。究其内在原因：在中国的家庭集体文化背景下，孕育着一种独立自主的经营精神，这不仅产生出一个个独立运营的自组织和自我竞争与不断奋斗的个体老板，而且培育出个体老板和自组织之间集群式的和谐合作精神。中国企业组织具有个体量化和集体量子融合的文化链接力特性，造就了中国制造业拥有将前沿技术快速产业化的创造能力，中国成为全世界唯一拥有联合国产业分类中全部工业门类的国家。一家制造业厂商在中国打半个小时电话就能完成的配套工作，到其他国家可能要半个月才能搞定。

因此，在宏观层面，通过主管机构加强政策引导和创建适应的集成环境，扶持产业的集群效果非常明显；在微观层面，企业组织的领导者通过适宜的战略途径，营造集成的内部环境，同样很重要。如基于量子绩效管理范式的战略，既要关注员工个体的个性，实施软性管理，通过可自由组合并能扩展的扁平组织平台设计制度，来保障个体和组织的创新性发挥，又要加强核心价值观管理，共享知识创新创造力，不断扩大应用范围，以进一步锻造组织的核心竞争力，增强组织整体集成效果和竞争优势，形成集群的共同体场。

量子组织和自组织是新的组织运营模式吗？答案是否定的。如生物界的蚁群生态组织，之所以能发生“蚁群效应”，是因为组织结构和岗位设置发挥了团队成员的组织能力，蚂蚁有严格的组织分工，但它们的分工能够迅速根据环境做出调整。人们从蚂蚁群体的组织和分工中学会了灵活的组织建设和运转方式。在人类社会经济领域内，如各类线下传统的商贸城、商业街区都是由众多的小微商铺构建的自组织生态圈。随着网络链接技术工具的兴起，从线下转到线上，出现亚马逊、阿里巴巴、腾讯、京东等自组织集合的平台型组织模式；而网络工具技术在不断进步，自组织模式成熟度也在不断提升，如海尔创设的人单合一模式，即“竞单上岗、按单聚散”的“自创业、自组织、自驱动”三自模式，共同体组织内部承载着几千个“小微自组织”。又如拼多多为何蝶变如此迅猛？拼多多用了三年时间就正式登陆美国资本市场，市值达到240亿美元，营收同比增长2489%。拼多多是专注于C2M（用户直连制造）拼团购物的第三方社交电商平台，2015年9月成立，秉持通过沟通分享体会更多的实惠和乐趣的社交理念，旨在凝聚更多人的力量，由用户发起和朋友、家人、邻居等的拼团，可以以更低的价格购买商品，这也是一种由用户发起的“拼单上线、按单聚散”的松散型自组织模式。

为何在中国有如此多的商业模式产生？这与中国推行的“大众创业，万众创新”的经济政策和集体量子共同体文化背景相关联。中国的社会文化背景不同于西方，中国的家族观念、纪律服从和集体精神是西方所缺乏的，中国的劳动者没有受西方生活环境影响形成的自由散漫和个体主义泛滥。因此，在中国组织中推行量子绩效管理范式，组织成员更容易接受量子共同体思维，从而通过运营流程的整体优化，改进技术和理顺物流，实施财务预算和开源节流，可以明显消除无效工作和生产过剩，在降低成本的同时提升质量，从而通过人流和物流的改善，以最少的资本投入实现创造最大输出价值的目的。

第二节　文化运营：从客户中心到文化中心

一、量子全息人培育

组织运营，表面上是一个个部门的运营，实际内涵是人的运营。通过共同体战略，构建透明且相互联结的信息平台，形成共同体文化信息场非常重要。个体员工的工作同样需要集成，通过运营流程的改造，由单项个体岗位职能转为具有共同体使命，由专业人才转为懂经营的全能通才，加速提升员工的素养，使之成为多能工匠或量子全息人。实践证明，用量子全息人才代替过去的多位专才，不仅减少了沟通时间和90%的工作时间，而且节约了成本资源并使员工有成就感。量子全息人发展，不断促成量子领导的诞生，自组织发展迅速，整个量子组织规模和价值也在不断发展。

量子全息人和量子组织体现共同体行为，具体特性如下：

（1）具备共同体思维。每位员工都是经营的全息人，因为共同体思维而自动消除等级差异。知识的重要性超越等级差异。

（2）成为量子领导者。作为一个拥有共同体思维的全息人，有能力充分获得授权并参与决策。

（3）共享量子共同体场，组织为扁平化平台，岗位依然是分离与分权、上下垂直交互。信息的有效性和易用性尽管影响领导决策速度，但通过扁平化平台实施信息共享，消除了分权和等级信息沟通的障碍。

（4）个体间因业务流程而能点对点沟通，依据业务项目和问题形成自组织，并通过个体与自组织的对话和商议而相互关联，协调行动和决策的能力在于自组织的主管领导者或层级观测协调者。流程负责人或量子自组织主管设置，对传达统一、集体、集成和整体的思想，形成协调一致、协同赋能文化非常重要。

（5）每一层设置观测协调者，协调个体和自组织之间的关联，并宣传高层领导者精神，但不稽查具体业务。外在流程改造相对容易，实现员工的思维和行为的协同并自适应非常难，而要做到内外兼修更是难上加难。

因此，量子自组织的主管领导者或层级观测协调者很重要，沟通平台和机制设置以及相关者掌握技巧同样重要。企业组织既可以看作是“大学校园”，以培养文化人为目的，也可以看作是“经营单位”，是实现价值创造之共同体；只有有文化又能创造价值还能不断精进的组织，才会是量子组织。如任正非在创办华为大学时，告诫说：“我们华为大学，一定要办得不像大学。”在华为，基础知识的培训只占很小的一部分，最主要的培训手段是任正非提出的“训战结合、全真教学”，即让员工学会如何做事情。

量子绩效管理范式，始终以文化为中心，针对员工维度，重视量子全息人和量子领导者的培育，建立以人为本的人力资源开发和管理的工作系统，做好个人素质管理、岗位管理、绩效管理和薪酬管理，完善绩效考核和激励机制、培训以及职业发展体系等，最大限度地发挥员工的主动性和能动性。以战略为引领，始终把握“个人”和“岗位”二元互补基本关联，以实现个人与个人、个人与岗位、岗位与岗位、个人与组织之间的相互匹配，在员工、产品、客户、资金、过程等运营要素层合理配置资源和目标价值，充分发挥员工的潜能，同时实现个人和组织的共同发展。量子运营层的岗位管理的具体内容是动态变化的，随着战略和环境变化做出适当调整；员工必须具备全运营要素思维，从一个运营者角度，了解每个岗位对组织的价值、与组织的关联和动态变化，做到能上能下和轮换管理等不同岗位的自适应。每个部门的主管，都将其部门当作一个自组织经营单位来经营核算；分布的各个自组织，通过统一指挥，综合协调，构建“多层统一、相互关联”的共同体。

1. 营造激励环境的能量场

共同体的战略构建，核心来自员工的满意度，最大限度地满足员工的合理需求，激发全员的主动性和能动性，提升员工的自我协同能力，从而推动组织发展。从下到上，将基层员工的需求动机融合在顶层战略目标之内。共同体组织就是个体与集体兼容，不同的组织、员工个体需求动机也不同，人又是群居的社会性动物，从二元互补性角度，需求可分为两种：与个体有关的有“基本价值需求、健康安全需求和自我实现需求”，与社会组织有关的有“尊重需求、社会关系需求”。除家庭组织生活平台外，还要有发展生存平台，希望获得组织的认同。这背后隐含的是人的三个基本心理需求，分别是：自主、责任和认同。

由此，组织应从以下几个方面进行管理，调节员工的需求平衡：“薪酬”，基本薪酬与价值能力匹配度；“工作”，工作的专业配备度与多样化赋能需求；“管理”，从上到下的交流度和从下到上的参与度平衡；“升迁”，具有挑战难度和机会多少的平衡；“环境”，工作区域设施与生活习惯匹配度。

因此，有一个充分信任员工、善于授权和赋能激励的量子领导者，搭建一个自由沟通、学习借鉴的沟通平台，可以充分营造良好的量子共同体环境场，让员工充分感受到场的吸引力。

2. 薪酬绩效与能力价值评价

量子绩效管理，是指通过建立“目标与绩效计划—绩效实施与支持—绩效考核与评估—绩效反馈与发展”的管理循环，提高组织、员工的绩效和激发组织、员工的潜能的一种具有战略意义的管理方法。通过绩效管理，建立工作交流和沟通机制，发展员工与高层管理者之间建设性的、开放性的互动关系，达到协同赋能、合作创新并创造价值，最终实现目标；绩效考评结果与员工的升迁、调配、薪酬等福利建立相应的联系，有利于优化人力资源管理系统。所有人力资源活动都围绕“价值创造—价值评价—价值分配”这条员工价值链展开。

绩效考核的是个体的动态能力状态，应与个体做事过程的核心能力进行结合；而过程的考核则是由平时的参与者和同层级领导者给予评价，直接陈述创造的具体价值和贡献，同层级成员将审视和验证价值的真实性和完整性，给出相关的等级和文字评价。年终绩效结果考核与日常过程综合评价相结合，充分体现员工个体的核心能力和动态能力。如人体组织的一次常规的血液检查报告，各类指标参数判断的是人体独立的、不稳定的身体健康状态，仅仅起到预警和参考作用，还需要结合分析日常行为和历史健康状况。绩效考核充分调动员工积极性进行价值创造，无关绩效评价。团队和员工在设定目标和指标时，聚焦的是如何把事情做好，而不是时刻考虑做好后的回报。为了避免过分物质化，量子绩效考核强调目标完成率同绩效评价解耦，聚焦协同赋能，彼此加持，为组织共同体创造更大的价值。物质激励应综合考虑绩效评价结果、员工潜能、团队协作等方面的因素。如华为5G技术全球领先，除了奖励科研人员外，华为还重奖了饭堂的厨师，而该公司2021年2月公布的回溯激励政策提出要奖励历史发展过程的奉献者。

薪酬管理与绩效考核建立适应性联系，但不完全是一种价值交易，其最大特点是强调分享成功和价值创造，并与组织的发展战略和人才的战略储备紧密关联。薪酬管理能满足员工多层次的需要，同时通过营造差异，也能激发有利于组织和个体战略实现的员工态度和行为，充分夯实组织的核心竞争力和动态能力。

二、客户价值与员工价值的均衡

在复杂多变、竞争激烈的市场和不确定的环境中，许多企业组织只是昙花一现，无法做到持续发展，更谈不上永续发展。尤其是在全球化、网络化时代，组织创业初期或新产品、新项目上市时轰轰烈烈，被资本市场追逐，但没过几年就销声匿迹了。企业组织的可持续发展优势丧失，不能持续获得客户的认可，自然很难在市场竞争中生存下去。美国管理学家波特认为，企业组织的可持续发展优势归根结底取决于为客户创造价值。许多组织将“顾客第一，员工第二”“顾客中心”“顾客至上”等理念刻在价值观文化体系中，而在组织员工心中，留住客户就是留住利益价值，资本利益、股东利益依然排在优先位置。

量子组织的运营，从内部的员工到外部的客户，实际内涵都是人的运营，员工与客户之间是二元互补关系。在21世纪这一万物互联时代，商业格局与秩序加速变化，客户会主动与组织产生更多的合作，和谐的合作关系能不断为负责市场的员工提供有关产品和服务的信息反馈，这样外部客户参与组织运营体系，并与员工构建一个共同体关系。同样，负责生产和技术开发的自组织员工可以与供应商一起和谐合作，构建一个外延的共同体关系，共同创造价值。让客户和供应商参与进来，成为共同体的一部分。在全球化、网络化时代，每个人都将成为相对自由和透明的人，你中有我，我中有你，这为客户与组织的双向合作和共同体平台的构建打下互信的基础，最终形成“网络集体人格”。实际上，很多商业问题是文化和全球性合作的问题，解决这些问题也需要这两方面的变革，使组织文化与外在环境相互作用调整，而共同体文化的力量是超越资本、种族和组织的边界的。此时，“客户就是上帝”的单向思维，应让位于“客户满意和员工幸福”“客户价值和员工价值”互补统一的共同体思维，以构建凝聚力和创造力文化。

企业组织的可持续发展优势丧失，表面上是外在的客户价值创造的缺失，而真正的原因在于，组织自身缺乏内在的持久驱动力，对应核心竞争力和动态能力的缺失，员工价值没有得到体现和提升。在本书的第六章，我们已经详细介绍，企业组织通过自我竞争，奋斗不息，才能不断实现自我超越；通过和谐合作，充分发挥互助协同作用，才能加入资源共享价值链，获得可持续发展能力。员工与客户之间的二元互补关联直接体现在：在组织内部员工平台内，员工彼此之间又都是客户关系，组织关注和培育员工价值，而员工也学会关爱和服务客户价值。因此，当员工学会共同体关爱，就会以同样的方法来关注和服务客户价值，共同为全员、客户和组织创造价值，企业组织的共同体文化会协同整个社会共同体文化的进化，构建整个环境共同体的协同文化（见图7-3）。

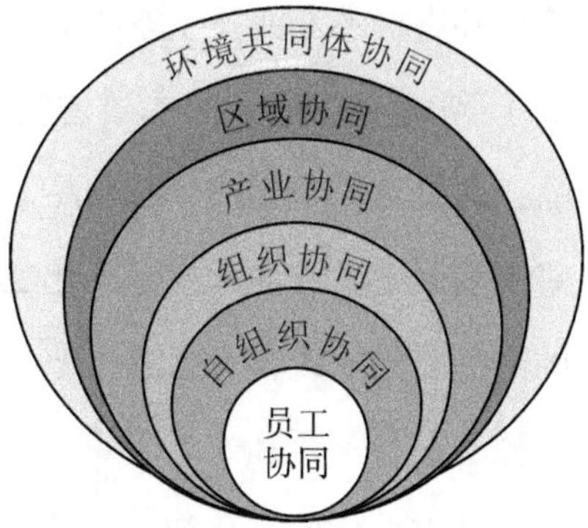

图7-3　环境共同体协同

三、技术创新与工匠精神的均衡

企业组织的元（原）创新非常重要，需要在原始积累、创业者核心人物的战略选择和初心定位等量子激发因子的作用下产生，并在创新文化、激励机制、兴趣技巧、团队协作、评价体系和领导能力等条件的支撑下运作。华为科技实现在5G领域的元创新超越，与自身内部工程师创新文化团队协同和外部科技研发合作圈共同构建的技术研发共同体是紧密相关的。华为在全球的科技人员占其员工总数的45%以上，还有内外科技和工程应用人员结合的共同体。正是元创新科技成果具有首创性、突破性和带动性三大特征，给21世纪的经济结构和产业形态带来重大变革，在微观量子组织层面会引发企业组织竞争态势的变化，在宏观经济量子场层面则有可能导致社会财富的重新分配、竞争格局和价值转移的新动向。

如果技术创新需要团队的和谐合作，那么技术积累和技术穿透就需要个体组织不断发挥其敬业、创新、专注和精益求精的“工匠精神”。技术需要积累、知识需要管理并进行不断的量子态叠加，把产品做到极致，同样会出现技术和质量的创新蝶变。德胜的木楼建筑和“老干妈”的辣椒酱，都不是高科技产品，而是百年千年的传统产品，都没有上市依靠资本的力量，同样能通过集中发展走上专业化或国际化道路。他们依靠的是长年累月不断雕琢自己的产品，不断改善自己的工艺，享受着产品在双手中升华的量子运行过程。德胜的聂圣哲和“老干妈”的陶华碧对客户价值和产品质量的重视，具体体现在他们的文化初心里都包含“诚信、勤奋、专注、不走捷径”的精神。同样，中国的赵州桥是隋朝著名的大工程师李春设计出来的，历经千年而屹立不倒；经过10多年的发展，中国的高铁总里程已经超3.5万千米，位列世界第一，技术水平和质量居世界前列。这背后都经历了无数个日夜的技艺积累、叠加和穿透。因此，无论是传统产品的制造，还是高科技产品的创造，都需要技术创新和技艺积累均衡的“工匠精神”，都需要具备“自我竞争、和合与共”的量子精神，在组织中形成价值创造文化。

技术创新和技术积累，不是科学家团队闭门造车能实现的，需要创新的企业家把科学家的理论成果引入社会经济活动中，并通过不断的交互和长年的能量叠加，形成有着巨大能量的共同体量子场。巨大的生存和竞争压力使企业组织必须依靠不断创新来实现可持续发展，尤其是现代量子科技的应用，更需要多方的合作，创新活动更需要一定的动力和机制。在企业家、科学家和社会学家等“多主体的共同体”组织系统中，单一的治理机制无法保证量子场系统运营的稳定性和有效性。所以，从行业发展整体和长远利益出发，各共同体成员应发挥各自优势，构建多层统一的“文化凝聚力和价值创造力兼顾”的治理机制，保持积极高效的和谐合作体系。

企业组织可以看作是不断与外界进行物质、信息、能量交换的开放场系统，频繁地与相关组织发生关联、交换资源等，进而发展出多层网络化的新型组织模式；是基于共同目标而建立起的一种共同体组织形式。目前全球已经成为一个大的共同体系统，各类企业组织已经被逐步纳入整体价值增值链和网络，而因环境的复杂多变和不确定性，组织应结合自身优势和实际情况，因势利导、因地制宜选择适当的模式，在动态交互中，不断调整角色、明确定位、转换职能，推动全球化共同体的构建和发展。

第三节 战略运营：上至下分权激励，下至上交互反馈

从组织战略的视野来考察，企业组织就是一个“战略制定—战略实施—战略调整—战略实施”无限循环的实体。战略管理的基本内容包括战略分析、战略制定、战略实施、战略评价与战略调整。在量子绩效管理范式中，量子组织从“战略—过程—结果”与“环境”交互的涌现循环层，先经历从上到下的基本战略系统创建或调整后，又要由下到上，具体在运营层开展战略制定和分解实施（见图7-4）。面对全球化、网络化市场的新形势，组织应充分利用全球的、网络的各种资源，以便更好、更快地响应市场和客户，组织越是集成化、扁平化和网络化，组织的功能就越协调、越高效、越高能。

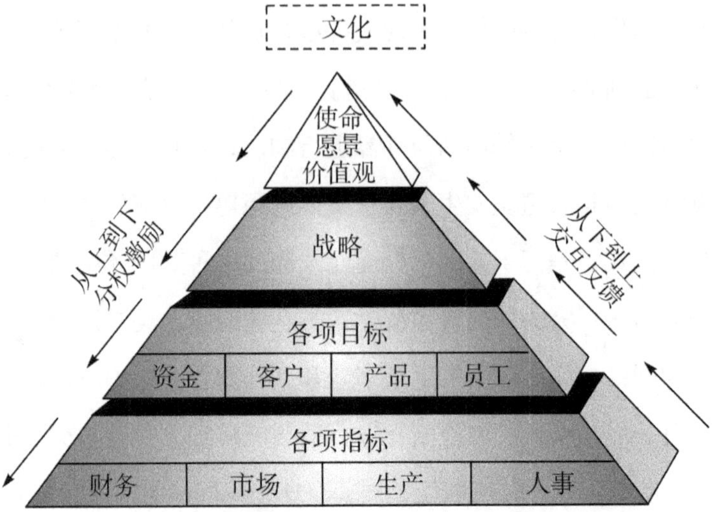

图7-4　通过绩效管理运营层进行战略目标转换

一、多层统一：目标分解与行动计划制订和开展

1. 与环境背景交互链接获得战略目标信息

制定具体的战略目标、寻找环境的有序或获得创新源泉，必须从下到上尽可能收集和研究所有能找到的背景材料。组织领导者和高层根据成员特定的背景和经验来判断，使每个人都有机会了解运营层的四个维度，成为量子全息人。组织必须全面与内外环境交互，因为不稳定性和不确定性总是在开放系统中存在，建立敏捷的彼此关联共同体体系相当重要。根据每个维度对应的职责范围列出基本框架内与内外交互信息的对象和内容。如资金维度，在整个量子绩效管理框架体系内，内部资金与文化、战略、环境和其他三个运营维度的相关人员和信息相链接，积极与员工、高层管理人员沟通并参与各类评价，而环境又与行业趋势报告、商业数据行情、金融税务走势等相关人员和信息建立链接。如在中国革命战争时期，面对

非常动荡的、不确定的革命斗争环境，中国革命人士发动和团结一大批各界各民族爱好和平和支持革命的人士积极参与，团结一切可以团结的人民力量，才最终取得革命的胜利。

基于分析的结果给出一个判断，在未来的三年、五年或一定周期内如果组织不进行变革，那么组织的发展会遇到何种困难或风险冲击？如果需要战略上的稳定，就不做调整；如果需要变革，就要考虑在目前分析结果的情况下，组织可以对内部做哪些变革、对外部做哪些变革，将内部和外部变革所能导致的结果与不变革的结果进行比较，寻找相对平衡和满意的调整。毛泽东正是基于对革命局势的判断制定“农村包围城市”的战略，并确认这是一场持久和艰苦的战争。同样，基于世界科技和社会经济发展的格局，中国推出了改革开放政策，走上了中国特色社会主义道路，丰富和发展了马克思主义理论。不同的企业和国际组织，随着环境的变化，在一定的时期，组织战略目标都会做出适应性调整。

2. 战略目标与绩效管理目标

目标的意义就是指明方向、激励前行、凝聚力量、决定标准和考核依据，它是文化灯塔重要的光源部分。

从使命、愿景到战略目标，通常可以划分为三类目标：长期目标、中期目标和短期目标。这三类目标可以共同规划组织的未来。

长期目标是组织设定的、明确的和必须在5～10年或更长的时间内达到的目标，常称为宏伟目标，组织的所有精力都必须关注宏伟目标。长期目标的达成需要组织支持系统配合，能发挥长期指导性或有固定的强制性。如“中国梦”的具体定义为“实现中华民族伟大复兴”，是中华民族近代以来最伟大的梦想，并且表示这个梦“一定能实现”。“中国梦”的核心目标也可以概括为“两个一百年”的目标，也就是，到中国共产党成立100周年时，全面建成小康社会，到中华人民共和国成立100周年时，全面建成社会主义现代化强国。

中期目标是指组织期望在3～5年内达到的一些目标，是宏伟目标分解为具体的组成部分，为特定的张力目标，体现为阶段性组织行为，发挥航标作用，而在这一目标指引下，不同组织选择的路径可以不同，具有特殊性或个性。如中国的五年规划，2021年开始制定“十四五”规划，而各区域都有自身不同的战略规划。

短期目标是指组织期望在1年内达到的目标，短期目标通常全面而又具体。年度的绩效行动目标，就是针对绩效管理的每项具体目标和量化指标体系。

在量子绩效管理范式中，将战略转化为实际的行动并获得结果，要经历“战略—过程—结果”涌现循环系统。战略目标的制定遵循从上到下、从下到上的交互过程。从上到下，即使命—价值观—愿景—战略—过程以及内外部环境情况分析，其中包含分解成员工、产品、客户和资金四个运营要素的战略目标和指标体系；从下到上，就是四大要素岗位员工相互之间建立链接并与外部环境资源进行交互（运营循环系统与开放交互系统两大系统的交互），获得比较信息构建指标体系和相关目标并反馈到战略高层，最终修正战略目标。

二、协同关联：上下一致、战略协同

1. 量子绩效管理：目标与关键指标的互补关联

为了实现企业组织的整体战略目标，企业组织的各部门需要以整体战略为导向层层推进制定经营战略（定量）和职能战略（定性）。静态的战略目标被分解为运营层的员工、产品、客户和资金四个运营要素的动态绩效目标。每个维度负责的员工，都必须清晰地知道成功实施战略应该采取的行动绩效目标。短期的绩效目标可以激发员工行动，但未必需要将目标具体量化。量子绩效管理范式的运营层发挥着战略转换功能：将战略转换为各维度的具体目标，并通过有效的关键量化指标体系来追踪考核目标完成的情况。确定关键指标有一个重要的SMART原则：工作指标要具体、可以量化、可以实现、可以形象化观察和证明、有明确的截止期限。

但根据绩效模型得出的众多可供选择的指标，还须考虑以下四个方面：绩效测量信息的可获得性、计量指标的相关性与重要性、精确性与简洁性的权衡、计量指标的可控制性。最后得出一个精简、高效、能更好地服务于组织的指标体系。

员工维度　既要评估员工个人内在的能力和心态，也要考核外在的行为和业绩成果，同时，考核个人所在团队的业绩和组织文化即员工之间的契合度。员工培育贯穿于选人、招聘、培训、激励、考核和升迁整个流程，员工才能得到很好的成长。因此，在具体的绩效考核中，既要定性调研员工满意度，又要检查形成文化的组织纲领、架构、流程、制度机制和活动计划。

产品维度　组织的员工如何使其顾客满意呢？关键在于组织提供的产品或服务的质量。质量形成于产品或服务的设计或制造（生产）过程，为了保证质量，就必须加强管理，对价值创造的每个环节进行控制、管理和考核。产品维度具体考核的指标体系，包括原材料的供应、技术配方、制造工艺、环境设施和物流服务等，涉及的内外利益相关者很多。

客户维度 顾客服务满意率，取决于全体员工提供的产品或服务的质量，在内部员工保证产品质量的情况下，外部员工服务顾客的过程中，每个环节都要控制、管理和考核。客户维度涉及的具体考核指标体系主要包括顾客满意率、顾客市场分级管理、顾客保持率、顾客回头率等。

资金维度 长期资金战略目标有资金利用与投资战略；短期目标有资金增长和来源组合、成本与效益，以及保持充足的现金流和适宜的利润率。资金维度主要涉及资金预算、资金来源、资金利用、回款率、价格体系等。财务量子关联的因素是预算与支出、销售收入与经营成本等，在资金使用过程中，涉及的具体考核指标体系主要包括财务预算、资金管理等。

2. 运营层团队形成行动合力的五项原则

由于量子绩效管理范式的运营层团队来自不同的职能部门，因此，必须确保团队中的每一名成员对确定的目标和指标达成共识，并形成将战略化为行动的合力。各部门实施绩效管理目标和指标必须遵循以下五项原则。

目标可行原则 部门绩效目标的设定，应当具有一定的前瞻性和适当的挑战性，使目标通过一定的努力可以实现，并能够使中期目标与短期绩效目标有效衔接。也就是说，绩效目标既不能定得太高，也不能定得太低，而且必须中短期目标兼顾，能够诠释战略的内涵。

指标匹配原则 部门每一个绩效目标一般只需要2～3个绩效量化指标就能准确表达其含义。各种指标不仅为员工指明企业组织总体目标的行动方向，而且为管理层判断战略目标的总体进展提供一种预警工具。为此，运营指标体系中应注意前置指标和滞后指标的互补均衡以及四个维度指标体系的相互关联。如销售额是滞后指标，而客户沟通时间可能驱动销售额；进一步来说，员工培训时间又可能驱动客户满意度。这就是指标之间相互转换，前置指标起到预测滞后指标的效应。

资源匹配原则　组织应根据各业务部门与绩效管理目标的匹配程度进行资源配置。任何伟大战略的实施都需要各种资源的支持。组织应根据各个部门承担的绩效目标配置相应的资源，使资源与绩效目标相匹配。

责任落实原则　组织应将绩效目标落实到具体的责任中心和责任人，构成不同层级彼此相连的绩效目标责任圈。为此，组织应根据绩效目标确定各部门的任务，设置责任中心，将绩效目标分解落实到各个责任中心及负责人，然后将绩效目标逐级分到每个成员身上并建立指标体系。

协同管理原则　企业组织是一个整体，局部战略与整体战略应协调一致，局部利益与整体利益应协同一致，形成合力，达到“1+1>2”的协同涌现效应。有鉴于此，企业组织应以实现战略目标为核心，考虑不同责任中心业务目标之间的有效协同，加强各部门之间的协同管理，有效提高资源使用的效率；加深团队成员之间的相互了解，形成合力。

如人体组织的血液检查报告，通过各类指标参数判断人体的健康状态。但必须说明的是，这些指标结果，只是反映人体某一点的个体的、量化的、独立的、不稳定的状态，并不代表定性的健康属性判断，仅仅具有预警和参考作用。这就是中医与西医的不同之处，中医是综合调理身体内部环境的“和谐合作”，西医主要针对严重病症进行“个体量化”的重点医治，中西医结合、定性与定量融合才能开展更加科学的综合治疗。2020年救治新冠肺炎患者的中国医疗方案，就是中西医结合的典范，减轻了不少病人及其家属的痛苦，也节约了不少医疗资源。其中，广东“肺炎1号方”、李兰娟院士的“四抗二平衡”等中西医融合疗法都发挥了积极的救治作用。因此，我们必须综合五项原则，整合所有互为关联的量化指标，并结合定性量子过程，最终做出战略定性的组织健康级别判断。

三、行动调整：激励创新和规范传承

任何一个企业组织，要想在复杂多变的环境中抓住机会、迎接挑战，必须能够预见未来，及时做出战略创新，精心组织战略实施。化战略为行动，必须有对计划的管理和具体活动的实施。指标体系建立后，计划的管理和调整也非常重要。“计”是战略性的，“划”是战术性的，要做到二元互补。在量子绩效管理范式中，“战略—过程—结果”的涌现层，决定战略的有效性和结果的涌现性，而量子量化交互、定性定量观测、过程与结果兼顾等理论，就是一种计划管理的理论技法。

依据“战略—过程—结果”的涌现层，战略规划、年度计划与涌现行动的管理按量子组织涌现层的特性定位，可划分为“事前”战略、“事中”过程、“事后”结果三个阶段，三者又不断与环境交互，构建生态循环系统。

“事前”战略管理：主要是对战略规划、目标与指标、活动计划的审核。组织依据各项基础性条件编制各项、各类组织战略规划、考核体系和经营活动计划内容，对行动计划的可行性、可靠性形成审核体系，保证审核效果，遵循数据统计、数据的无量纲化分析、历史纵向对比和行业横向对比、建议性结论四个基本环节，从而确保计划的可行、可靠。对四个基本环节的有效管控，能够确保战略和计划的可行，并为计划的“事中”过程管理提供保障平台。

“事中”过程管理：主要是对活动计划执行的有效性进行跟踪，从而确保对计划执行效率的管理。在量子绩效管理范式中，四个运营要素的相互关联的过程管理，是提高整体运作效率和绩效的基础。运营过程管理包括策划、实施、检测和改进，即PDCA循环四阶段，是组织落实战略目标和战略规划、实施持续改进和创新，为多方创造满意的价值，进而履行组织使命和实现愿景的基本途径。员工之间建立交流平台和及时反馈机制，对执行过程中出现的各类偏差，做到超前预测、措施有效。“计划内”的计划认真执行，做到不偏差，但因环境的不确定性，同样要准备出现“计划外”的防范计划，做到随时交互、反馈并修正，善于激励创新和承担失败风险。

“事后”结果管理：主要是对项目计划实施完毕后的绩效考核、经验总结、教训吸取、材料汇报、知识管理以及规范传承，尤其是事后的失败教训总结和经验积累以及风险问题的提出，为下一步的目标制定提供创新点。如中国抗击新冠肺炎疫情取得的每一次阶段性胜利，既需要全局性、战略性布局应急防范体系，也需要全员建立反馈和沟通机制。正是北京市西城区的一个普通市民唐先生自觉到医院检查，及时反馈到管理机构，管理层在24小时内采取紧急应急措施，才得以阻止一次蝴蝶效应和系统的塌陷。

在量子组织的战略实施与计划管理中，行动战略计划编制是基础，内审管控是手段，执行过程是保障，绩效考评是结果。因此，要保证计划行动的科学性、内审管控的独立性、执行过程的有效性和绩效考评的合理性，整个计划管理必须遵循二元互补均衡、整体体系化运营原则。而作为观测者和参与者的“无我的领导”和高层以及代理者所面临的主要工作内容之一，是坚持“战略统一引领，战术分权执行”的原则，坚守“积极规范均衡，留有创新余地”的创新与规范互动观点。

量子共同体组织“战略—过程—结果”的涌现层与“环境”进行交

互，构建一个反馈的生态循环系统，不断促进组织永续发展。在不确定的环境下，战术相对很难完全按照事先设计好的执行。如四渡赤水战役的战术并不是事先设计出来的，而是在不断地探索与行动过程中逐渐学习并清晰的。又如在开放的环境下，中国经济改革通过采用“摸着石头过河”的办法，不断总结学习来应对转型过程中的复杂性和不确定性，同时兼顾整体的发展战略方向并保持创新和宏观经济的稳定。但在背后始终坚守一个“事前”战略，就是提前了解环境背景的情况，也就是对信息态势的提前感知。保持整体系统的体系链接，确保信息优势，这是所有决策和取胜的前提。尽量在不确定的环境中，把握那些可能确定的因素。善于在不确定中寻找机会，而在动态的、不确定的环境中，防止执行战术和行动计划的“一根筋”，防止思维过于僵化。所以，量子组织和量子领导发挥着保护灯塔、观测变化、果断执行的“无我”引领作用。他们从来都不排斥不确定性，而是会拥抱不确定性、发挥不确定性，甚至有意制造出更大的不确定性，给组织成员和组织的发展带来不可预测的前景。

综上，共同体模式、量子组织和自组织并不是人类发明的新型组织，其运行法则遵守自然万物发展的普遍规律；只不过不同的领导者创设的不同组织，其寿命长短不同、发展进化途径不同。量子绩效管理范式和量子自组织运营法，基于量子科学自身的哲学思维体系，结合现代组织管理理论和实践，创立了量子组织的核心价值观、量子三大管理理论、量子领导的三力模型以及绩效管理准则，每一层、每个环节、每个行为规则都体现“多层统一，相互关联”，并始终围绕量子精神的共同体文化运营。因此，掌握量子绩效管理范式可以帮助组织构建紧密关联、相互协同的共同体组织并测评量子组织和自组织的成熟度，通过量子自组织运营法，可以有效整合资源、改造组织并建立与环境敏捷交互的自适应体系。

第八章　量子绩效测评：量子过程与量化结果集成

量子绩效管理范式，强调以共同体思维的观点来管理整个组织各要素关键过程及绩效结果，这些过程和结果的产生，来自利益相关者之间的量子纠缠关系和协同管理，最终实现组织的量子绩效结果涌现。因此，量子绩效管理范式，是指充分考虑组织的利益相关者之间的纠缠关联和协同管理，以利益相关者的资源输入为出发点，以组织结果输出给利益相关者为落脚点，以组织文化为中心，以战略为驱动，以结果为导向，以过程和四大部门运营能力为保障，用量子运营圈层的平台上下集成三维全息的绩效评价体系（见图8–1），并据此进行绩效管理的方法。 四大组织部门及战略驱动系统，是指战略、人事、产品、客户和资金等有关部门及战略领导顾问等组成的项目团队和对应的管理系统。

量子绩效管理范式，具体关注战略、员工、产品、客户、资金、过程六个运营要素的运营过程和重视对应战略（领导岗位）、员工（人事岗位）、产品（生产岗位）、客户（营销岗位）、资金（财务岗位）五个维度的个体绩效结果的评估。

本章将具体描述组织绩效考核的观测过程和结果，来分析组织的成熟度和具体的绩效成果，由于篇幅有限，对准则只是提供重点方向性建议，不作深入和具体的探讨。不同组织，可以结合自身组织的发展阶段和特性，提出相应的量子过程观测和量化结果指标测评体系。

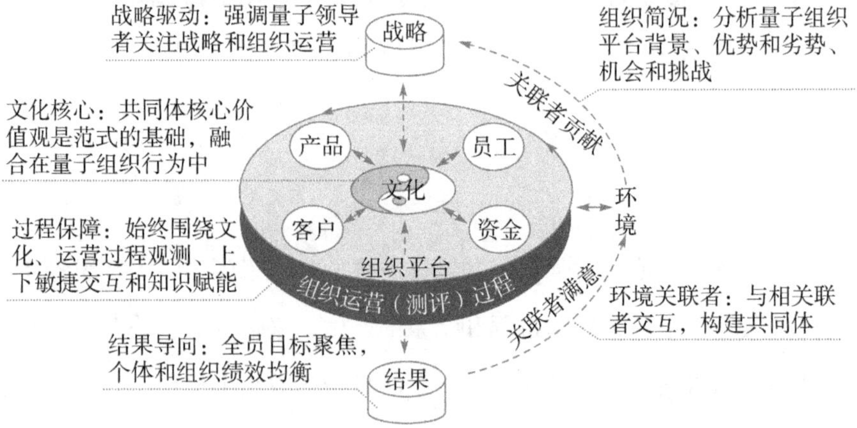

图8-1　量子绩效评价体系

第一节　量子过程测评

一、战略驱动

战略主要由组织高层领导和顾问负责，始终围绕“价值创造和文化链接”共同体思维，涉及所有利益相关者的需求纠缠，并要充分考虑跨时空的环境影响力。测评主要检查组织是如何制定和实施战略，如何自适应环境变化而调整战略，以及如何监测具体发展过程的。

1. 高层领导沟通协调与社会责任均衡

高层领导者具有“价值创造”“文化使命”和“创新变革”的地位，以及引领组织并持续观测和激励组织可持续发展的作用。测评主要关注：高层领导者如何定义组织的愿景、使命和价值观。如何平衡当下和未来的个体行为和组织集体行动。如何加强内部员工和外部客户的沟通平衡。高层领导者既是稳定环境政策的倡导者，也是社会进步创新的变革者，如何实现遵守法规和承担社会责任以及发起公益行动的使命。

2. 战略制定目标计划及实施调整平衡

测评重点关注战略制定的科学性。包括：如何对环境内部（优势和劣势）和外部（机会和挑战）进行战略分析。关键战略目标是否充分考虑利益相关者的需求，以有利于价值创造和文化建设的均衡。如何制定实施战略和行动计划。是否做到每个维度的均衡、每个流程环节的相互关联和协同统一。如何在复杂多变、不确定的环境中进行交互，并及时调整计划和快速行动。

二、员工赋能

员工赋能方面的测评重点关注员工个体应具备的能力和量能的级别以及营造环境能量场支持员工能量的状态发挥；建立一种相互关联、协同互助的共同体圈层文化，以利于员工和关联者以及集体全部潜能的发挥。

1. 环境能量场与员工量能增长

测评主要关注：如何评估员工能力和量能，观测能够反映共同体本原的创意、文化和思想，并与客户等纠缠关联者需求的技能、竞争力、资质和匹配的水平自适应。如何建立一个加持性的、稳定的工作环境能量场，建立上下沟通机制，及时进行激励性反馈和鼓励冒险并承担失败。如何组织和管理员工能量并发挥员工价值创造力，使其超越自我、超越绩效预期，在实现客户价值的同时成就自身价值。如何稳定员工能力和量能的变化需求，提供工具设施、差异服务、培训交流和福利政策并实现多样化。

2. 协同互助与层级关系发展

测评主要关注：如何培育沟通开放、高效和契合并相互关联的文化场。如何通过共同体信仰，建立信任和分立授权机制，设立一种差异化的员工自组织与员工细分岗位，创造内部驱动力。如何观测员工之间的关联度和协同互助能力，包含缺勤率、满意度、安全性和运营效率等统计指标。如何通过各类激励措施，承担理智的风险以实现创新。如何与客户、供应商和社会机构等相关联者建立共同体关系，并推行具体的行动计划。

如何通过协同过程、赋能学习和知识管理系统，支持组织集体和员工、高层以及领导的个体发展，包含核心竞争力、战略风险和长短期行动计划、各类改进和变革、商业伦理和道德、知识传承和新技能等。如何通过绩效评价的动态结果测评判断员工的协同能力和关联度以及工作和学习的有效性，并提供学习和发展的改进机会。如何设置员工跃迁的时空和生涯发展机制以及领导圈层的传承机会，包含学习培训、职务升迁和发展机遇。

三、产品创造

产品创造方面的测评重点关注共同体各方积极参与，有效沟通、高效运营、节约资源和满足多方价值创造并提升整体的成功率。

1. 产品定位和价值链过程设计

测评主要关注：组织的产品创造过程涉及多数纠缠关联，包含客户、投资者、供应商和管理机构等，如何将新技术、知识积累、客户价值和潜在需求融入产品设计和价值创造过程。如何确保整个价值链的绩效创造和稳定性。采取哪些有效的措施控制、观测和改进测试。如何实施产品创新和优化价值链，以应对一切战略挑战并提升竞争力。

2. 质量和成本运营的有效性

测评主要关注：组织内部员工之间、价值创造各流程节点关联者之间，如何通过试验、检验、评估或审计等各类活动计划，保持有效的沟通和协同，预防质量缺陷、服务差错和无效工作。如何控制保修成本和将客户投诉率降到最低，平衡成本控制和客户满意度。如何管理各环节的关系链，预防、检验、分析并处理应急突发事件。如何测量和评估供应商绩效。

四、客户关系

客户关系方面的测评重点关注如何与客户保持长期稳定的关系，不断通过技术工具与环境的变革，进行改进并创新发展。

1. 交互渠道建立

测评主要关注：组织如何利用社会媒体和网络技术与客户建立互信的交互平台。组织如何定期评价并调整客户需求和期望；如何因不同的顾客、顾客群或细分市场建立多层统一的客户层级体系。如何从客户中获得产品生命周期信息，获取与其他类似产品、行业标杆相对照的客户满意信息等。

2. 共同体关系管理

测评主要关注：组织如何让客户参与产品制造、供应、生产、销售、服务等全流程环节，可包括建立口碑、建立伙伴关系或与客户结成共同体，实行多生态圈层的关系管理。

如何在客户交互中寻找差异、奇异点或有意制造各类惊喜，来维系和巩固客户关系，在客户生命周期的各阶段满足客户要求并超越其期望。如何处理客户投诉、纠纷，使之得到及时有效的解决。如何恢复客户信心并提高客户满意度和契合度。

五、过程保障

过程保障方面的测评重点关注如何利用先进技术工具，观测、收集和评价共同体过程量化信息，并通过知识管理积累提升能力以及根据评审结果提出改进战略。

1. 建立敏捷多层的绩效观测体系

测评主要关注：组织在其所有层次和所有部门如何选择、收集、校准和整合数据和信息，以监测日常运营及组织的整体绩效，最终实现有效评审和改进绩效。组织如何确保绩效测量系统能够对组织内外迅速或意外的变化保持灵敏性，并实现与战略目标和行动计划相关的调整。如何通过整体的过程数据管理评估组织成熟度，并提出改进方案。

2. 知识管理及圈层协同平台维护

测评主要关注：组织如何帮助共同体成员进行知识管理和技术积累。如何收集与传递员工知识以应用于组织创新和战略策划过程，通过不同的渠道融合和关联数据建立新知识。如何与客户、供应商、合作伙伴和协作者双向传递相关知识。如何维护信息沟通平台的网络安全并以自由、开放、畅通的方式进行多层信息交流，包含自组织员工圈层、自组织圈层、组织集成圈层、产业圈层以及区域圈层协同管理交流。

六、资金增值

资金增值方面的测评重点关注资金的长期增长目标，组织如何依据共同体各关联方的价值利益诉求和量能关系，通过预算、管理和分配来驱动稳定发展目标的实现。

1. 预算与结构管理

测评主要关注：组织如何通过资金投入把控长期战略投资与短期项目投资平衡，是否充分考虑了价值创造中的成长能力和盈利能力平衡、价值创造与风险管理平衡。如何通过资金的预算和分配来满足各关联方的利益价值需求和实现成本核算，而各关联方的战略、方案和活动计划又充分考虑是否有利于资金目标的实现，分析资金目标实现的驱动要素。

2. 运营和价值创造

测评主要关注：组织如何加强对资金的内部控制，确保运营管理活动合法有效，保证资金安全，防范资金链断裂。如何通过分析、管理等手段，把握成本控制与品质优势平衡、价格优势和利润优势平衡，实现价值创造最大化。如何利用资金变化如区域或单品销售收入增长率变化等指标来评估价值并提出改进措施。如何根据环境和战略调整，重视附加价值的增长，实现硬价值和软价值的平衡。

第二节　量化结果测评

结果维度测评的是量子组织的绩效考核。基于量子绩效管理范式，量子组织经历战略驱动、员工赋能、产品创造、客户关系、资金增值等五个过程维度的规范运营，采用量子绩效圈层模型评价工具，对上述五个过程维度运营的员工进行绩效考核，产生对应的结果。即从人性管理角度出发，重新构建人员定位图，选择高层领导、员工、产品、客户和资金五个职责部门和个体考核维度。其中战略和过程管理，融入高层领导的绩效考核。量子绩效考核指标来源于两个方面，一是组织的战略目标，二是部门和岗位的职责。

选取至少近三年的主要绩效指标数据，以反映出当前的绩效水平和近几年的发展趋势，并与行业标杆的数据进行比较，就可以得出组织在相关维度的绩效方面的行业定位、优势和发展趋势，最终提出改进方案。

一、领导和战略实施结果

组织描述高层领导沟通协调与社会责任、制订战略目标计划及实施调整的执行结果。结果应包含组织的公信度、诚信度和公益指数，与社会机构相关的指标有当地政府支持度、税收优惠程度、政策法规认知度、企业的环保意识、环保投入率、罚款与销售比率、节能减排达标率、社会贡献率、资本保值增值率等。必要时可将结果按照组织或自组织单位进行细分，其中应包括近几年组织或行业比较数据。

具体比较分析

在高层领导沟通协调与社会责任的执行结果方面，主要包括遵守法规和承担社会责任以及发起公益行动的结果如何，是否符合要求，有效性如何，是否整合超越。

在制订战略目标计划及实施调整的执行结果方面，主要包括执行计划调整和快速行动的结果如何，与过去几年或同行相比是否有超越。

二、以员工为本结果

组织描述环境能量场与员工量能增长、协同互助与层级关系发展的执行结果。结果应包含员工生产率、员工保持率，员工职业规划、员工福利计划，员工培训有效性、培训费用支出率，员工专业技术水平、人力资源管理水平，员工幸福指数、工资收入增长率、人均工资等。必要时可将结果按员工构成的多样性和员工群体加以细分，其中应包括近几年组织或行业比较数据。

具体比较分析

在环境能量场与员工量能增长的执行结果方面，主要包括建立稳定的工作环境的结果如何，是否能够满足个性化需求，员工能力和量能是否获得提升，水平和趋势如何。

在协同互助与层级关系发展的执行结果方面，主要包括员工之间的关联度和协同互助能力是否得到加强，具体哪些员工获得升迁，升迁比例和趋势如何。

三、产品和流程结果

组织描述产品定位和价值链过程设计、质量和成本运营的有效性的执行结果。考核产品服务顾客、运营过程和供应链，如对比供应类似产品的其他组织的水平和发展趋势、产品生命周期、过程有效性和效率，包含供应商产品质量水平、按时交货率、采购折扣率水平、供应链管理效率、采购合同履约率、供应商的稳定性、供应商关系质量、逾期付款次数等。必要时可将结果按产品供应、顾客群、细分市场、过程类型或属性进行细分，其中应包括近几年组织或行业比较数据。

具体比较分析

在产品定位和价值链过程设计的执行结果方面，主要包括产品创新性是否获得提升，水平和趋势如何。

在质量和成本运营的有效性的执行结果方面，主要包括供应商绩效测量和评估结果是否获得改进，成本控制的结果如何，是否具有可比性。

四、客户关联和服务结果

组织描述交互渠道建立、共同体关系管理的执行结果。如品牌知名度、当前水平和趋势，包含客户忠诚度、客户毛利水平、品牌意识、客户增长率、产品合格率、准时交货率、售后服务水平、市场管理水平，客户满意度、客户投诉率等。必要时可将组织的结果按产品供应、顾客群和细分市场进行细分，其中应包括近几年组织或行业比较数据。

具体比较分析

在交互渠道建立的执行结果方面，主要包括客户增长率如何，是否实现区域、细分市场的平衡和增长，相比较的差距如何。

在共同体关系管理的执行结果方面，主要包括客户忠诚度是否得到提升，具体是哪些客户群，售后服务水平是否有进步，存在的差距在哪儿。

五、财务和市场经营结果

组织描述预算与结构管理、运营和价值创造的执行结果。如财务回报、资金利用率及现金流量指标等，包含融资成本率、可持续增长率、资本结构、研发投入比率、标准化流程比率、内部控制有效性、总资产周转率、管理水平评分、总资产报酬率、净资产收益率、资产负债率、流动比率等。必要时可将结果按细分市场或顾客群进行细分，其中应包括近几年组织或行业比较数据。

具体比较分析

在预算与结构管理的执行结果方面，主要包括产品创新性研发投入比率是否获得提升，成本控制结果效益如何。

在运营和价值创造的执行结果方面，主要包括区域或单品销售收入增长率结果同比是否获得提升，与同行相比是否有超越，附加价值的增长率是否得到提高，与同行相比水平如何，未来趋势如何。

第三节　自我测评：量子领导者和量子组织之路

构建量子组织首先需要人的思想发生变化，从领导开始，带动全体员工思考企业组织如何领导和如何管理。不仅要从经典科学的牛顿式思维转换为量子共同体思维，而且要进行结构范式转换，从经典绩效管理转为量子绩效管理，构建一套共同体核心价值观，创建一套评价量子组织的规范准则，创建一套绩效和组织成熟度测评与能级评估系统。只有在充分认识自我的基础上，利用优势，改进不足，才能实现组织的整体优化和持续发展。要想在竞争日趋激烈的环境中生存和发展，就必须学会自我观测、自我反思，并通过自我竞争，团结可以团结的力量，构建和合的共同体，进而实现自我超越。

一、自我测评的基本流程

自我测评是包含“自评、改进、学习和共享”四个要素的一个基本“自评循环”系统，即通过自我评价，找到改进方法，大家彼此交流学习、探讨和创新并排出优先顺序，配置资源予以实施，并在获得成效后整合到各过程和系统中，相互融合、协同一致，支持组织的目标。

1. 领导参与和理念培训

量子绩效管理是一个共同体组织管理的综合方法和全息管理框架，必须由高层领导者引领和驱动执行。因此，高层领导者是自我观测者，也是积极参与者，并发挥活动的主导作用。应积极在高中层领导者中开展量子共同体理念和管理体系的导入以及核心价值观学习培训，为随后的正式自评打下良好的基础。

全面了解组织　高层领导者要能不假思索地讲出企业组织的历史沿革、基本情况、核心影响因素和所面临的挑战。其包含区域及组织环境、组织及协同结构关联体系、优势和劣势及挑战和机会、组织测评及知识管理系统等。

正确认识测评　量子观测者，应当崇尚科学和尊重事实。做出量子过程定性评价时，应实事求是观察，记下典型事例和因此会有的结果。做出量化结果的定量评价时，要对综合过程和结果要素进行“最合适”的评价。最后的综合评价，要讲清重要的优势或出色的实践和结果、显著的改进机会、危机、弱项或差距等。

2. 编写自我观测计划

确定区域　确定进行自我测评的合适区域。自我测评的开展区域可以是整个组织和所有体系，也可以是组织的一个部门、一个自组织、一些过程或一个管理维度等。

确定过程及关联者　自我测评可以选择1～3个过程及其对应的结果做先导性试验。因为整个组织是一个相互关联的整体，界定自我测评涉及的直接对应的单位、部门和协同关联者，需要彼此协同配合和共同推进。

确定内审员　通过公开选择内部评审员，建立评价项目自组织。可以聘请外部顾问参与、指导。内审员根据需要按项目体系自由配置人员。

制定方针、目标和计划　制定自我测评的指导方针、目标和具体计划内容。

3. 实施自我测评

根据企业组织战略和现状，对照量子绩效管理范式框架，每个要素对应合适的部门和岗位职能以及具体团队成员，如“战略”对应高层领导岗位、“员工”对应人事岗位、“产品”对应生产岗位、“客户”对应营销岗位、“资金”对应财务岗位。参照量子测评的准则，可以设置定量的百分制和千分制，逐项进行定性过程和定量结果的评价。确定优势、改进要项和评分，并编写综合性的自评报告，附上详细的评分表和要点说明。

视情况，可以按上述要求进行全面的详细评价，也可以仅进行定性评价而不进行定量评价。当然，也可以通过量子绩效圈层模型工具整合组织战略流程、运营过程、人员流程，构建改进三级绩效水平的结果的项目。

4. 制定改进目标和指标

根据自评报告的过程和结果，讨论组织的核心竞争力、优势及其巩固措施，以及如何协调一致且有效地推广和创新变革的可能性；对于组织的最显著改进机会和优先项目，讨论如何设立目标；随后管理团队应按改进的项目或按量子绩效四个维度要素分为四个自组织改进项目团队，每个自组织团队负责量子绩效管理的一个圈层面，同时，每个自组织选出一位主管，领导自组织团队开展下一阶段工作。

每个团队对每个目标做详细的说明，并列出一份潜在的指标。针对每个圈层面，确定同一层面内指标之间的主要关联者，以及圈层之间的协同关联，确立各指标之间的关键协同点，以便带来组织的整体性协同和改进。

5. 实施改进计划

改进自组织团队，配置相关资源，制订和实施相应的改进计划。将有关运营结果的责任逐级分解到组织的基层，并整合到管理信息系统中。

6. 共享、推广改进成果

组织优先观测改进计划的实施进展，测评改进计划的有效性，并将有效的改进成果进行共享、推广和整合到管理系统中。

二、组织成熟度与能级评估

1. 运营过程维度与组织成熟度评估

在量子绩效管理范式中，基于共同体核心价值观，结合量子组织管理理念和二元互补统一方法，对战略、员工、产品、客户、资金和过程六个岗位职责维度制定具体行为过程准则内容以及实施的个体结果准则内容，从而通过集体过程与个体结果定量地评价企业组织内部管理成熟度。根据评价结果，提出活动改进和提升方案。

2. 成熟度和能级评估

量子绩效管理范式中，六个运营过程维度准则属于定性评价，但给出定量评价的度量，主要评估各个运营职能部门的协同赋能能力，关注集体过程的量子评估；个体部门的结果绩效考核和结果评估同样要注重过程和结果指标的均衡，重视个体结果的量化考核。量子绩效管理范式中，量子组织的定性是基于共同体文化核心价值观和多层环境背景，进行战略分析而得出的组织定位定性分析，将定性（战略定位）与定量（量子绩效即个体结果和集体过程评估）集成，这两者综合体现组织的成熟度。

我们可以设置一定的评分值，根据一定的分数段来设计5～6个量子组织成熟度等级。不同的等级，代表不同的成熟度和能量级别以及量子跃迁能力。通过制造能级差异，鼓励企业组织不断改进和提升创造力。如华为公司员工能级多达22级，不同能级的标准不同。量子绩效考核更多强调目标完成率同绩效评价结果解耦，重视价值创造、共同体文化和能力提升过程。可以针对个人、部门和自组织，来培育量子全息人和具有量子思维的自组织以及量子领导者。

三、自我测评的知易行难

有些人经常说：道理都懂，就是不会做。“知易行难”，也令不少组织领导者发出感叹。“知易行难”主要难在以下几个方面。

难在需要领导者思想变革和全程参与、全员参与、全流程优化。思维不变，无法将量子精神融入战略愿景；中层的改变只是通过外在目标和业绩指标，进行现有管理流程的调整，这或许可以使局部得到改进，但不能实现组织整体性的突破。即使开始行动了，也只有短期成效。

难在需要领导者看到系统的复杂性、全域性、量子性。领导者已经习惯了传统的管理思维和牛顿式量化理论，企业组织基本是客户价值和资本利益导向。量子绩效管理，根在量子科学和哲学思维，建立一套量子思维体系和全域性的综合管理范式；基于量子共同体核心价值观体系，提供了一种量子精神的人生追求，树立了一座共同体组织信仰的文化灯塔。

难在效仿最优秀的榜样组织。量子绩效管理范式，就是集成这些卓越组织的最优秀的一面。我们可以参考最佳组织的战略设计和绩效管理，但不可照搬，也很难效仿。量子绩效管理范式就是一面“镜子”，一个“方向盘”“诊断仪”和“仪表盘”，领导者在运营过程中可以自评参照，并制定自适应的战略路径。

难在动态的、不确定的环境。牛顿式的经典管理思维，就是企业组织按照领导者制订的计划执行，所有的利益相关者都可控，但绩效结果不可控。量子绩效管理范式，是全域性的，与环境和所有相关联者构建协同的共同体循环生态系统，是自适应组织，可以选择任何途径，绩效结果有无限可能。

难在没有捷径可走、不可延迟。“知易行难”，就像找结婚对象，找到适应自我的另一个纠缠量子，当然难。而量子绩效管理范式，需要共同体思维，彼此关照和自适应，提供一种全域性思考，并为双方提供非常明晰的协同加持和影响因素，可以在不断发展的过程中自适应调整。

难在开始，难在选择。每当企业组织领导者面对管理学理论丛林和混沌的技法时，我们的建议就是：干吧，试错还有一半机会；不去做，就永远没有机会。最重要的是学会携手合作、自适应调整，懂得自我测评、自我竞争，最终实现自我超越。

第四篇

量子绩效管理范式的兼容并包

第九章　管理集成：从战略系统到赋能过程与绩效管理

当下，物理学寻求大统一，而管理学理论依然是丛林与混沌。现代物理学的统一，是由量子力学和相对论以及量子场论构建的。我们用量子共同体哲学重新诠释了量子场论和量子力学以及相对论，从而获得了量子共同体的概念及其三个基本特征，量子共同体理论的“三论”和“三观”以及量子二元互补法（辩证法）的“三大规律”等基本内容。我们还尝试构建了量子管理科学结构的三大范式：量子哲学范式、量子绩效管理范式（社会学范式）和量子组织的构造范式（即全息图）。

量子构建万物，宇宙是量子共同体场，量子科学和哲学思想以及量子组织系统管理理论，是基于前人的思想理论进行研究，同样具备兼容并包的精神，既可以解释现有的管理理论，具有指导当下社会实践的意义，也可以应用于解释和解决现实的问题。借鉴自然科学“量子世界观”的统一，本章将运用量子绩效管理范式，统一诠释当下的管理思想和管理理论，尝试将管理学丛林统一在量子世界观的思维根基之上。

从20世纪中期开始，经历几十年的发展，组织战略管理理论已经进入管理理论丛林。组织战略管理思想是企业组织战略管理的灵魂，是指导战略制定、实施的基本思路和观点。目前主要有战略联盟、战略竞标和战略再造三种战略管理思想。涉及的战略管理理论多种范式并存。其中，涉及战略管理系统核心的理论有“合作竞争理论”和“复杂理论”等；涉及组织能力分析的理论有“动态能力理论”和“核心能力理论”等；涉及组织战略实施与绩效管理的理论有“卓越绩效管理”和“平衡计分卡”等。而量子绩效管理范式，构建一套战略管理体系，包含“量子竞争和合理论”（简称量子竞和理论）、“量子能力（赋能）理论”以及“量子绩效测评理论”。为了满足不同层级的企业组织领导者充分学习、理解和运用各系统的需求，本书尽量全面介绍主流的管理理论，并与量子绩效管理范式相关理论进行比较，分析异同之处。

第一节　量子竞争和合理论与战略管理理论丛林

一、合作竞争理论

合作竞争理论是西方管理理论的一个主流理论。该理论思想的来源基础，依然是20世纪50年代博弈战略论的思想。进入20世纪末，随着产业化、网络化、全球化时代的来临，商业环境日益复杂，各产业链相互交错，纯竞争对抗性本身固有的缺点会影响产业规模的不断扩大，于是单打独斗的双方博弈变为了构建系统、互动的合作联盟体的双方博弈，传统的纯产品竞争变为了部分价值链、产业链的相互合作和竞争。

该理论的创新点主要有：由传统的纯博弈竞争战略调整为合作竞争战略；由传统的追求“零和博弈”或“负和博弈”，调整为实现一定程度的“双赢”或形成“非零和博弈”，以改变过分强调在博弈中击败竞争对手而实现单方独赢的局面；由传统的纯产品博弈分析，调整为利用价值链分析，通过对供应商、顾客、竞争者等所有参与者关系和价值的定位，确定互动型关系，寻找竞争与合作的机会。在以上创新点的基础上，运用“五要素PARTS”战略系统构建方法，由产业链的主导方或绝对优势方通过调整参与者、附加值、规则、战术和范围等商业博弈的五要素中的任何一个要素，就可以形成不同的博弈，产生不同的新战略，并分析和比较各种博弈的结果，保证整个价值链或PARTS 不会错失任何机遇，最终确定符合主导方价值的合作竞争战略。通过实施该合作竞争战略，最终实现主导方的商业机会增加和协同发展的战略目标。

相比量子竞争和合理论，合作竞争理论依然属于传统的博弈管理理论。合作竞争理论重点关注合作产业价值链内的利益分配，存在利益分配博弈，因而参与者之间的关系并不平等和开放，主导方或价值链顶端者具有绝对实力和联盟合作的力量来“中和”或“削弱”合作者的附加值或者“摧毁”对手从而进行市场垄断。基于资本利益的合作竞争形成的联盟体只是运用的博弈战略更加系统多维但并不稳定，受外界影响分裂变量很高。量子竞争和合理论进一步融合了合作竞争理论，二者都涉及竞争和合作、相关利益者以及对应的系统要素，而量子竞争和合理论更重视整个生态环境共同体的和谐，明确相关参与者之间保持相互平等和共享价值链利益之间的平衡关系，不设立竞争对手，与环境保持更加开放的关系，并可通过沟通和链接来维持共同体的长期发展、“尊异求同”，通过相互促进、相互学习实现自我超越，以维护和提升共同体发展。

二、复杂理论

复杂理论是在20世纪80年代复杂性科学的基础上兴起的，比合作竞争理论更进一步，其源于对网络经济环境下市场的认识，是系统科学发展的新阶段，也是一种基于商业生态系统和混沌理论的理论。该理论的核心思想是：在动态复杂的环境下，互联互通的网络商业世界的运行并不都是“你死我活”的竞争，而是像生态系统那样，基于复杂理论的战略，在自适应机理的作用下，商业组织与其他组织之间努力营造与维护一个“共生的商业生态系统”并形成“共同演进”关系。该理论的创新点在于导入了“共生的商业生态系统”和“共同演进”这两个概念，整个组织战略运营突出了组织战略的系统性和适应性。

复杂理论的战略思维逻辑是：以对环境“机会”的分析和论证为起点，结合组织内部的能力和价值的条件分析，在共生的商业生态系统的战略思维引导下，制定旨在创造和完善商业生态系统的组织创新重点战略，在战略实施中以创新机会为中心，创造和完善商业生态网络系统，提升网络组织结构的关系管理能力和自适应核心能力，从而在商业竞争中取得竞争优势，最终实现系统内各网络组织之间以及复杂环境和组织战略的共同演进，达到组织整体业绩提升、商业生态系统进化和组织发展的目标。复杂理论将商业生态系统定义为一个复杂、动态、非线性的混沌系统，这个系统包括了员工、股东、供应商、竞争对手、客户、政府及其他利益相关者，决定了组织的行为和价值，决定了组织的战略定位，要求组织从整个企业生态系统来制定战略。基于复杂理论的战略具有周期性，包含开拓、扩展、权威、重振或死亡4个阶段。同样，组织在其自身商业生态系统中的合作进化过程也具有周期性，通过系统的不断循环而不断发展。

对比复杂理论与量子竞争和合理论，虽然二者的战略思维逻辑非常相近，共生的商业生态系统和量子共同体等概念也相同，但量子竞争和合理论的共同体是多层发展系统，复杂理论的共生生态系统则是单一的周期性系统，弱化了组织跨层选择系统的自由和生态系统的发展进化性；在制定战略时，复杂理论的组织完全依赖“共生”的商业生态系统，失去了量子组织所具有的“自我竞争”发展的主动性。因此，复杂理论缺乏量子共同体理论的核心价值思维和量子组织要素间的框架体系，依然是系统思维的延续，留有经典思维的痕迹，很难基于其共生生态系统战略思维解决复杂组织系统问题。

以下， 通过一个表格（表9-1），对比现代主流战略理论与量子竞争和合理论。

表9-1　现代主流战略理论与量子竞争和合理论比较

维度	复杂理论	合作竞争理论	量子竞争和合理论
市场环境	混沌、非线性、周期性	互动性、系统性	无序有序交互、不确定性
竞争优势	进化的商业生态竞争	有效合作竞争的能力	自我竞争、和合与共
分析单元	商业生态系统	博弈参与者构成的价值链	自组织与生态环境共同体

续表

维度	复杂理论	合作竞争理论	量子竞争和合理论
战略重点	保持商业生态系统进化	五要素（参与主体、合作利益、管理模式、运营机制、实践载体）PARTS模式分析	量子共同体模式（多层共同体），协同关联
能力	优化和关系网络管理	保持合作竞争关系	持续创新能力与互补关联
合作态度	共生的周期合作	竞争的合作	互补的和谐合作
战略特性	周期性、互动性	动态性、互动性、适应性	主动性、能动性、自适应性

通过以上对比分析，可以看出，主流的合作竞争理论依然是以双赢资本利益博弈为价值目标，而避开了深层文化的根基——共同体理念。虽然主流的复杂理论考虑了网络经济世界运行并不都是你死我活的斗争，而是像生态系统那样，企业组织直接存在“共同进化”关系，更多考虑彼此之间通过商业生态战略学来共同创造与维护一个“共生”的商业生态系统，最终达成企业业绩提升和商业生态系统进化的目标，但该理论依然基于表层的保护资本利益的网络商业系统，重视组织的资本属性，而忽略了组织的社会属性，没有考虑企业组织文化初心对系统的选择自由以及企业组织本身的能力与能动作用都直接关系到系统的文化链接力的稳固。另外，该理论依然孤立地看待“共生”系统及其具有的合作周期性，而实际上共同体的合作往往会随时间的推移而得到加强。

量子竞争和合理论既考虑组织内部的个体差异，也考虑组织整体和环境之间的共同体关系，强调“尊异求同”和互补统一，“和而不同，兼容并蓄”共享资源运营方式；强调文化链接力和价值创造力均衡；不直接设竞争对手而是直接应对外界环境的挑战和以满足客户需求为己任，强调以“自我竞争”“超越自我”实现个体价值，以“和合”协同的集体精神实现集体价值。

第二节　量子能力（赋能）理论与经典能力理论

一、核心竞争力理论

核心竞争力理论起源于传统的企业能力理论。关于核心竞争力的定义多达几十种，比较常见的定义：组织所特有的，能够带来比较竞争优势、经得起时间考验、具有延展性而他人难以模仿的，对市场相对固定需求有价值的竞争技术或能力。核心竞争力是组织制定战略和进行内部优势分析的决策依据，也是实施战略时依靠的管理能力。凭借组织的核心竞争力，在一定时期内提升产品和服务的价值，一个组织就有机会在激烈的市场竞争中脱颖而出，并长期获得竞争优势。

一般来说，核心竞争力结构中的专业技能和知识化成分所占的比重越大，组织便可凭借其核心竞争力具有对竞争对手而言越高的进入壁垒，并可获得越长期的竞争优势。随着组织资源的变化以及资源配置与整合效率的提升，组织的核心竞争力自然也会发生变化。为何有的组织历经坎坷仍生生不息，有的在竞争发展中途陨落，而有的昙花一现？原因正在于核心竞争力极其难以维持和培育，尤其是在不确定的、快速变化的、动态竞争的环境下，核心竞争力甚至成为组织创新的阻力。

在组织运营中，人们往往重视核心竞争力的培养，而忽视动态能力和文化凝聚能力。量子能力（赋能）理论实现了植根于量子竞和理论的“创新规范互动与自我竞争”思维，是员工技术知识和文化传承能力的集合，融合和统一了多种核心竞争力的内容，相对确定性的核心竞争力与动态能力是互补关联的，体现在整体的综合能力、持续发展能力和涌现能力上；提升核心竞争力的途径就是要培育“自我竞争和超越”的工匠精神，培育组织的创新能力和规范能力，尤其要重视核心竞争力的知识积累和技术叠加性，即通过两项或多项核心竞争力叠加，可能会派生出一种新的核心竞争力，而且这种新的核心竞争力往往不只是原来几项核心竞争力的简单相加，而是会上升为另一种新能力或量子能力。

二、动态能力理论

动态能力理论是随着20世纪90年代技术和经济发展，整体市场环境变化而产生的。随着经贸国际化和市场全球化的发展，顾客需求越来越多样化，市场也日趋动态化，技术创新速度加快，造成了竞争越来越激烈，竞争优势的可保持性越来越低，唯有不断创新，保持动态的创新能力，才能持续成功。“动态能力”最初定义为改变能力的能力，并被定义为公司整合、构建、重新配置内部和外部能力以应对快速变化的环境的能力。这里，动态能力是指组织利用IT技术资源、市场资源和管理资源来获得竞争优势的能力。

动态能力理论是相对于核心竞争力理论而发展起来的。随着核心竞争力理论的快速发展，核心竞争力的一些局限性也显现出来。在一个动态变化的环境中，原有的核心竞争力有可能成为阻碍组织发展的包袱。核心竞争力理论遇到前所未有的发展障碍，无法解释动态市场上组织如何快速获取竞争优势以及某些组织为什么具有持续竞争优势等问题。而动态能力理论是指组织为使产品和服务快速地进入市场、有效地掌握千变万化的商机，持续地建立、调适、重组其内外部的各项资源与智能来获取竞争优势的一种弹性能力的理论。动态能力理论突破了核心竞争力理论的局限，诠释了组织是如何创造商业价值的，但仍处于理论探索阶段。

单纯研究核心竞争力的弱点，或过多关注动态能力，都会造成组织能力的失衡而使组织错失竞争优势，这两种理论研究依然保留着经典思维的模式。本书的第六章第三节，相对详细地介绍了量子能力（赋能）理论的产生，以及核心竞争力与动态能力的定义和相互关联。量子能力（赋能）理论特别强调的是，作为一个组织领导者，在不确定的经济环境下制定产品和市场策略时，不仅要关注相对变化的动态需求，培育独特灵活的动态能力，来满足顾客和市场日趋增长的需求，还要集中精力和资源发挥工匠精神，培养需求相对固定而对手又难以效仿的核心竞争力，同时注意这两种能力的交互统一。

在此，我们将主流经典能力理论与量子能力（赋能）理论（即创新规范互动理论）进行列表比较（见表9–2）。

表9–2　主流经典能力理论与量子能力（赋能）理论比较

维度	核心竞争力理论	动态能力理论	量子能力（赋能）理论
市场环境	相对稳定、有序可测	无序、突变、不可预测	无序有序交互
竞争优势	独特性、彼此难模仿	动态创新	创新变革与规范有序交互

续表

维度	核心竞争力理论	动态能力理论	量子能力（赋能）理论
资源认识	持久的核心能力	系统和合作能力	个体结果与过程稳定兼容
分析单元	组织内部	组织与组织经营环境	个体与自组织
战略重点	培养、提升和利用核心力	快速、敏捷打破均势	核心力与创新力相互促进
能力	发挥杠杆和支撑作用	创造不连续的创新	核心力稳定与创新力引领
合作态度	机会主义的合作	短期的合作	互补的和谐合作
战略特性	长期性、稳定性	短期性、不定性	能动性、互动性、自适应性

本书定义的核心竞争力为：企业拥有的他人难以模仿的、对市场相对固定需求有价值的、存在较高稀缺性的竞争能力。理论假设前提是市场是可以预测的、相对稳定的，需求是固定的、长期的，流程是规范严谨的，并没有列入动态能力假设。而动态能力理论认为，相对变动需求是变化极快的，有很多相对变动需求具有难预测性，企业家必须紧紧盯着前沿市场的相对变动需求来开发产品，企业需要一种适应变化的动态竞争能力。动态能力理论的理论假设走上另一个极端，认为市场环境瞬息万变、不可预测，企业不存在可持久发挥作用的核心竞争力，从而否定了一个企业核心竞争力的积累性、路径的依赖性和不可模仿性，把合作当成只是基于任务的、暂时性的合作。可见，核心竞争力理论和动态能力理论的理论假设都比较极端。

量子能力（赋能）理论基于量子绩效管理范式的“创新与规范互动”

核心思想，既要关注相对固定需求，又要关注相对变化需求，因而注重培育规范要求的核心竞争力和创新需求的动态能力的均衡。组织依靠不断积累的核心竞争力而持久发展，同时依靠不断创新的动态能力而提升业绩和创建组织新优势。如华为高端手机产品就是满足相对变化快的需求的产品，要求不断地创新动能和核心竞争力，以满足变化的需求；而“老干妈”的辣椒酱是满足相对固定的需求的产品，主要通过积淀练就相对规范的核心竞争力，同时也要求具备一定的创新动能，自适应需求的变化。

第三节　量子绩效测评与经典的绩效管理

一、卓越绩效模式

“卓越绩效模式”是20世纪80年代后期美国总结世界上一流企业成功的经验条件，创建的一种世界级企业成功的管理模式，其核心是强化组织的顾客满意意识和创新活动，追求卓越的经营绩效。“卓越绩效模式”得到美国企业界和管理界的公认，该模式适用于企业、事业单位。这一模式被世界各国的许多企业和组织纷纷引入实施，逐步风行世界发达国家和地区，成为一种卓越的管理模式。自2001 年起，中国质量协会在研究和借鉴卓越绩效模式的基础上，启动了全国质量管理奖评审，致力于在中国企业中普及推广卓越绩效模式的先进理念和经营方法。2012年，《卓越绩效评价准则》（GB/T19580-2012）国家标准的正式发布，标志着中国质量管理进入了一个新的阶段。

卓越绩效模式反映了当今世界现代管理的理念和方法，是许多成功企业的经验总结，是对标卓越绩效企业在满足组织外顾客意识和强化组织内创新意识的管理评价。2019—2020年版美国波多里奇国家质量奖将卓越绩效框架完善为领导，战略，顾客，测量、分析和知识管理，员工，运营，结果等七个方面。卓越绩效框架主要通过这七个维度对企业组织的绩效进行评价，是全面质量管理的提升和深化，体现以顾客为导向、追求卓越绩效的管理理念。

卓越绩效管理模式直接借鉴日本的全面质量管理核心价值理念并综合西方成功的现代企业的管理要素而最终创立。由于缺乏管理框架体系设计的新思维和规则体系，其遵循的依然是经典思维和传统系统架构模式。因此，卓越绩效管理模式的各要素选择相对凌乱且内容重复，要素与系统、系统与组织之间的关联缺乏整体性、互补性和延展性，整个框架体系缺乏包容性创新。相对而言，量子绩效管理范式来自量子科学哲学与共同体文化的“元哲学”思维体系的整体研究，结合量子自组织最小运营发展模式，而延伸出组织和共同体系统的绩效管理模式。量子绩效管理范式不仅融合了卓越绩效管理等模式，而且面对不确定的环境，组织内外及维度之间是相互量子纠缠关联、分层整体布局的，存在相对平衡的量子组织运营规律，有利于构建生态的、均衡的自组织循环运营系统，适合组织发展的全生命周期绩效管理考核。

二、平衡计分卡

20世纪90年代初，企业内部的绩效管理大都趋于选择KPI指标，这些指标比较混乱而又缺乏关联。卡普兰和诺顿提出用于绩效考核的平衡计分卡工具。平衡计分卡超越传统的以财务会计量度（落后的结果因素）为主的绩效衡量模式，改用评估企业前瞻性的投资事项（领先的驱动因素），使组织的“战略”能够转变为“行动”。平衡计分卡方法提出之后，其对企业全方位的考核及关注企业长远发展的观念受到学术界与企业界的充分重视，许多企业尝试引入平衡计分卡作为企业管理的工具。

平衡计分卡最大的优点在于，它从企业的四个方面来建立衡量体系：财务、客户、业务管理、人员的培养和开发。平衡计分卡的重点是制定公司的战略，如何将公司的战略分解为一些可执行的指标，以及应用此方法提取绩效考核的关键业绩指标。

平衡计分卡理论中，要素和维度选择遵循相对平衡的思维，并基于组织创造价值和战略运营的动因进行绩效考核。虽然平衡计分卡与量子绩效管理范式中的四个平台维度的绩效考核结果一致，但是平衡计分卡相对来说更适合个体和组织的简单绩效考核。面对如今环境的不确定性和多变性，以“战略”为中心的“KPI”式的绩效考核已经无法把控多变的未来。在平衡计分卡方法下，组织虽然重视员工学习和能力提升，但依然没有跳出重视目标和结果的传统绩效管理范式，基于上市公司的资本属性，组织的价值利益始终排在文化建设前面，并没有形成量子绩效管理范式所构建的价值创造“绩”与文化创建“效”相对均衡的共同体组织体系。

在此，我们将主流经典绩效管理与量子绩效测评进行列表比较（见表9–3）。

表9-3 主流经典绩效管理与量子绩效测评比较

维度	卓越绩效模式	平衡计分卡	量子绩效测评
核心文化	对标卓越组织绩效管理	反映组织战略	量子科学哲学与共同体文化
组织单元	商业生态系统	个体与组织战略	自组织、组织与共同体
维度结构	双轮驱动：领导，战略，顾客，测量、分析和知识管理，员工，运营，结果	内部循环：学习和成长，内部流程，客户和市场，财务	多层整体：战略与结果，员工与客户，产品与资金，过程与文化
环境关联	内外、上下交互	同层、上下交互	内外、上下、同层动态自由交互
重点关注	重视组织和环境整体	重视个体和组织	强调个体、组织以及环境均衡
绩效特性	过程和结果，绩效利益	绩效结果	过程和结果，价值和文化

卓越绩效模式来源于世界一流企业成功的经验总结，关注卓越组织系统，而平衡计分卡具体关注组织内部战略实施和个体以及单元的绩效，平衡计分卡是实施组织的卓越绩效模式的工具之一；两者都没有充分考虑维度选择的二元互补性，各维度属性相对比较乱，如卓越绩效模式缺“资金”等财务维度，而平衡计分卡的“内部流程”维度与其他维度属于不同层级属性。

量子绩效管理范式不同于传统意义上的二维平面组织架构，而是类似于宇宙星盘图，是多层整体的全息系统架构，充分考虑各维度、系统和组织与环境之间的量子纠缠所体现的二元互补关联，并始终贯彻共同体文化核心价值观运营，充分考虑从战略制定到运营实施以及过程和结果测评的全系统管理，将战略—文化—过程—结果、员工—产品—客户—资金、组织和环境等三层维度结构进行关联整合，构建为统一的量子共同体。整个模式及框架图，显现量子组织特性和运营逻辑，将绩效考核放在量子平衡这一全新的理论体系内去考察，从而构建以文化为基因的量子绩效管理立体框架，也更加容易理解和实操。

一个追求成功的企业组织，可以从量子绩效管理范式体系的建立、运行中取得绩效，并持续改进其业绩，最后取得成功。但对于一个成功的企业组织如何追求量子共同体组织，量子绩效管理范式则提供了观测和评价标准以及文化灯塔，企业组织可以采用这一规则集成的量子共同体组织管理的理念和方法，评价自己的管理绩效，并在不断追求共同体组织中寻求发展。

第四节　化繁为简：管理理论丛林统一

一、现代管理理论丛林失衡

以西方经济学为主流的现代管理理论丛林发展到21世纪，已经越来越复杂和混沌，这与西方经济学思维依然是基于牛顿式个体量化思维根源和以资本利益为主的经济环境密不可分，其至少存在以下几个方面的失衡。

一是绝大多数理论基于组织本身而孤立分析系统，将合作系统、共生系统孤立于整个社会共同体之外进行研究，对组织结构的认识过于机械和片面，处于因果关联下的纯理性的孤立状态。而量子绩效管理范式理论，充分考虑了合作组织的相对理性，并结合了前沿量子科学思维。

二是对组织内部历史的分析相对失衡。在每个组织的不同历史发展阶段，如不同国家经济发展的不同阶段，组织内部各维度之间的矛盾主体的地位和作用并不都是一成不变的、形而上学的，过于“求同”，缺乏对个体成员之间的复杂性和差异性的研究。而量子绩效管理范式提出了“尊异求同”的战略管理方案，只有这样的合作竞争，才会长久。

三是对组织内部各个要素维度之间关系的深入研究相对失衡。其主要包括各个要素是如何相互关联、相互协同的，是否为同层或分层，属性和定位是否相同。在量子绩效管理范式中，组织有三层，而共同体更属于多层整体，同层同范畴，目的不同属性就不同，甚至相反；同样，不同指标属性不同，层级就不同。

四是对组织外部利益相关者等双重属性均衡的社会关系研究相对失衡。认为家庭、企业、社会机构等不同组织之间的社会关系，都是彼此独立的，也都是建立在股东或资本利益的战略博弈基础上进行分析，保障企业组织社会资本最大化。而实际上竞争对手、家庭、社区、院校、供应商、政府等社会关系除了彼此之间拥有一定的价值利益关联外，还有相互关联的文化共同体关系。

五是对企业组织外部环境动机因素驱动的研究相对失衡。其主要包括对自然环境、历史文化、政治经济、重大事件和其他不确定因素等的研究。实际上，组织内部各要素之间、社会关系和外部环境因素也都呈现出相互关联性、整体统一性，从微观经济到宏观经济及自然环境都是共同体关系。

当下，我们所熟悉的战略管理、再造流程、精益六西格玛以及各类绩效管理等管理模式，都属于不同层面的管理模式，是由不同的管理专家独立总结出来的管理理论，各理论之间的相互关联性相对不够；由于主要基于利益博弈的核心思想，涉及的组织运营层面的深度和广度也相对不足。虽然西方主流经济学的逻辑形式非常严谨，即使个别结论与事实不符，也能通过调整假设，消解种种反常，但其始终是建立在经典科学下的原子范式的基础上。要融合或建立一个新的经济学的管理体系，就必须回到万物最深层的原点，基于量子根源，从量子科学出发，结合量子哲学和量子共同体理念，集成现代管理理论丛林，来建立量子经济学和量子绩效管理体系以及量子竞和战略管理系统。

二、量子绩效管理范式研究

量子绩效管理范式，通过环境—组织—战略—绩效交互循环系统，强调量子竞和战略管理系统就是组织目标和行动以及组织内部属性与外部环境在时间和空间上的相互协调一致，并强调将组织内外各要素融合在一起统一考察，战略除了与组织文化和外部环境链接外，还与组织运营过程、结果和运营要素紧密联系；超越资源与资本，从组织的本源出发，基于价值创造和文化建设双核心战略，重视组织的资本与社会的双重属性，整个战略管理过程模型，强调战略管理不是一个给定的过程，不是单一循环的过程，而是环环相扣，循环路径相互变通、可以修改和不断进行的过程。现对基于量子绩效管理范式的战略管理核心技法作以下归纳。

第一，量子绩效管理范式从对要素进行研究形成复杂的学说丛林的局面逐步走向融合，即将复杂要素结合在一起，形成一个统一、严密的学说体系，表现为量子科学—量子哲学—量子共同体学—量子经济学—量子管理范式的发展过程。

第二，在整个理论体系中，加强对东方与西方历史的比较研究、自然科学和社会经济发展历史和系统的比较研究。作为一个学科或一门科学，必须有不同发展阶段、不同社会经济背景历史和不同系统的分析，需要历史和现实结合，资本利益和文化价值融合以及个性差异和集体共性、社会感性和科学理性等双重属性统一。

第三，量子绩效管理范式的研究方法力求进一步规范和完善，符合科学结构范式。量子管理作为一门经验性科学，其理论的形成主要是通过观察，对历史经验资料进行比较、归纳、提炼形成通则。其研究方法主要是基于案例和比较的定性方法。不同观察者，从不同维度不断丰富，通过分析、综合而不断完善，逐渐形成具有指导性的、相对科学的理论。

第四，量子绩效管理范式理论是过程和结果兼顾的研究。对历史、系统形成过程的研究是定性研究方法，对案例采用的统计数据分析和实证调研统计分析结果引用是定量研究方法。

第五，量子绩效管理范式理论受观察者影响，在融合的过程中，不排除重新认识和深化的可能，需要不断向前发展和进一步融合。

因此，量子绩效管理范式理论体系作为一种战略管理的核心理论，在组织发展战略的驱动系统、赋能过程和绩效管理中发挥重要作用，无疑给以西方经济学为主流的现代管理理论丛林发展带来一股共同体思维的清流。希望后来的管理理论研究者和组织管理实践者，在面对越来越复杂和混沌的管理学丛林时，不再因无法做出选择而迷茫和痛苦。

综上，以西方经济学为主流的现代管理理论丛林发展到21世纪，已经越来越复杂和混沌，至少存在思维根源、组织结构、历史对比分析、价值目标核心、共同体关系以及不确定环境因素等多方面的研究失衡，在复杂多变、风险日增的环境和世界乱局面前显得偏颇而无力，即复杂的规则很难管理复杂的世界，这将使世界变得愈发复杂。因此，宏观生态的世界构成了复杂系统，我们需要最底层、最简练的量子共同体思维和二元互补法则来治理复杂的世界。量子绩效管理范式所构建的量子竞和战略管理和量子能力（赋能）等理论体系，是基于量子科学与哲学思想，对比东西方社会经济发展历史，运用科学结构三类范式，采用定性与定量、资本和文化等双重互补方法，集成主流管理理论，并结合案例而研究出来的。面对不确定的量子时代，其能为东西方管理理论思想统一，为企业组织治理和发展思维，提供一条追求共同体的变革途径。

第十章 组织融合：从家庭作坊到经济共同体

第一节 小行业大运作：沙县小吃集群发展

“沙县小吃”，在中国人民心中，是记忆深刻的，它一直为广大城乡居民带来饮食上的便利。其实，中国许多小吃和快餐饮食企业，连锁规模、品牌和文化发展得相对不错。“沙县小吃”之所以能引起我们关注并被引入本书的量子管理案例，主要原因在于：20世纪90年代初，中国的改革开放进入产业转型初期，国家大力扶持和支持第三产业的个体经济发展，使得自由经营和生产力潜能得到释放，各种个体小店也乘势得以蓬勃发展，而“沙县小吃”就成为个体经济发展的典型案例。本篇案例叙述只是尝试简单描述一下中国个体经济发展模式的成功经验和未来发展之路。

沙县小吃源于汉唐，承于宋元，盛于明清，闻名于当代，是中原饮食文化与闽越饮食习俗和沙县当地的丰富物产相互融合的结果，是沙县农耕文明时期的饮食文化精华。沙县小吃是沙县人长久以来每逢农事节气、传统节日不可或缺的美食，经过一代又一代的传承，成为独具特色的美食。据不完全统计，沙县各类小吃有上百种，常年供应的有几十种，且来源丰富，家家户户都能做上几样，城区街头巷尾24小时都有小吃应市，非常方便。因此，相对容易建立家庭小门店自运营模式。

一、敢拼实干与精益求精

在"沙县小吃"发展初期，餐饮市场处于无序状态，市场容量大，沙县人就一带十、十带百，走出沙县，到其他省、市开起了小吃店，仅夏茂镇就有50%以上的村民都出去开了小吃店。为保护"沙县小吃"品牌，沙县于1997年成立"沙县小吃业同业公会"之际，就申请注册了"沙县小吃"服务商标，并对沙县认可的"沙县小吃"店实施正规培训和会员制规范管理。

沙县人的创业信条"实说实干、敢拼敢上"，符合"自我竞争（自我超越）、和谐合作"的量子精神，具体体现为三种品质：一是坚韧不拔的精神，沙县人吃苦耐劳，做小吃餐饮准备工作多，人要起早摸黑，经营风险很高，需要不怕苦、不怕累、不服输的精神；二是精益求精的精神，小吃配料多，需要用心去做，并要适应各地口味的变化；三是和谐合作，发挥共同体的传帮带作用，一人带十人，一家带一家，手艺不断传承下来。沙县和小吃已成为不可分割的整体，互相成就，当地主管部门积极出台相关扶持政策，营造好的经营环境，有利于小吃产业规模化和品牌化发展。从无序进入有序发展，在先行者致富效应的带动下，沙县小吃通过"一家一店"经营模式滚雪球般向外发展，越做越大。从最初的一家家小吃店到如今的企业集群大产业，沙县小吃的发展历程就是沙县人干事创业的历程。

二、品牌创新与文化传承

企业组织如蚁群一样集群发展，加强信息沟通，不断自由创新，就能抵御单家独户的经营模式带来的风险，也才能做大、做强整个共同体量子场。政府提出“统一商标、统一技艺、统一形象”的会员制发展思路，沙县小吃从自发创业的个体经营，变成政府引导的支柱产业。沙县组建了沙县小吃同业公会，建设了沙县小吃一条街。还建立了小吃产业园，入驻产业园的有沙县小吃中央厨房、小吃调味品、板鸭休闲食品及禽蛋深加工等小吃产业链相关企业。沙县小吃生产有了先进的生产设备，用机械化生产线进行标准化、规模化生产，用现代化物流实现从中央厨房到单个门店的配送。2008年，沙县小吃集团正式成立，开始实行品牌化管理模式，通过加盟店的方式为个体沙县小吃门店赋能。加盟店通过机械化生产线生产并配送部分原料，降低了个体小吃门店的成本，并通过打造典范店铺，创造品牌效益。

规模化生产带动了沙县小吃产业发展，而一批批的技艺传承人被评出，技艺传承人又以优秀技艺传承推动了当地节会经济、文旅经济的发展。从1997年开始，沙县已连续举办了24届沙县小吃旅游文化节，实施品牌带动战略，大力扶持沙县小吃产业发展。沙县建起了国家AAAA级景区“沙县小吃旅游文化城”和沙县小吃文化科技馆、民俗馆等，每年吸引500多万人前往观光旅游，2019年实现旅游总收入54.48亿元。

到2020年，沙县小吃已遍布62个国家和地区，分布在中国的沙县小吃门店就超过8.8万家，连锁标准店3103家。沙县有6万多人外出经营沙县小吃，并且辐射带动30万人就业，沙县农村居民人均可支配收入由1997年的

2805元增长到2019年的20528元，贫困人口已全部脱贫。

三、发展前景："小"与"大"四大均衡

沙县小吃，从家庭作坊式个体经济发展起来，通过产业集群方式带动整个区域共同体经济发展，从而实现区域贫困人口全部脱贫。面对全球化、网络化和产业化道路，处于不确定时代的个体经济又该如何发展？沙县小吃如何处理好"小"与"大"四大均衡关系？如何让星罗棋布、分散在各地的沙县小吃门店和家庭作坊等个体自组织，通过共同体文化，实现蝶变，成为共同体量子组织？

一是沙县小吃要进一步发展，必须培育出行业的量子领导，创造一批"小吃"的大品牌，要处理好"有形之手"与"无形之手"对市场管控的均衡；重点培育一批具有企业家精神的领航者。

二是过度拉长的"大"产业链，会影响"小吃"的关注度，而过度的集群化、标准化和规模化，同样会牺牲"小"品牌的自由创新和精益求精的专注度。要让平台更加扁平化，扩大"小"品牌的自由度空间。

三是要在专注"小吃"的特长的同时，对各类技艺手法精益求精，要具有"工匠精神"，通过深度的技艺积累形成"大"优势。小而强的量子组织，同样表现出极强的生命力。

四是要利用平台化"小家"营造"大家"的文化氛围，增强顾客"大家"对小吃"小家"的亲密度，尤其是防止过度的资本追求所带来的文化创建的失衡，只有保持两者均衡发展的品牌共同体才会恒久、恒强。

星星之火，有燎原之势。沙县小吃的个体老板们和行业主管部门如何构建更为开放、创新和规范的共同体组织，值得期待。

第二节　华为与深圳：经济共同体的践行者

作为一家非上市的中国民营企业，华为在2019年全球品牌价值100强企业中排名第六。华为成功的内在动力在哪儿？这样一家企业为何会诞生在中国改革开放的前沿阵地——深圳经济特区？本书用量子共同体理念和管理系统来简析华为成功的原因，希望能为大部分非上市公司提供发展和借鉴的经验。

在介绍华为之前，必须简单介绍一下华为总公司所处的环境共同体——深圳经济特区的发展。1978年，中国实施改革开放政策。1980年，位于中国内地和中国香港"混沌"区域边界的小镇蛇口，被定位为中国改革开放的"试验田"，没有人能料想到一个边陲小镇，经历40多年的发展，会蜕变成一个国际化大都市。深圳经济特区，就是一个共同体能量场，将中国内地各省市加持的集体能量与从外围吸引进入的个体资本和技术能量进行聚合，这种聚合的思想和方法对标"开拓创新、诚信守法、务实高效、团结奉献"的深圳精神，深圳精神所展示的共同体文化，对城市的生存与发展发挥着巨大的灵魂支柱、灯塔导向与不竭的动力源泉作用。深圳特区通过自适应不断"改革""实干"和"积累"并最终实现自我蝶变，完成自我超越。40多年来，深圳奋力解放和发展社会生产力，大力推进科技创新，地区生产总值从1980年的2.7亿元增至2019年的2.7万亿元，实现了由一座落后的边陲小镇到具有全球影响力的国际化大都市的历史性跨越。如果深圳经济特区是中国整个社会经济发展共同体中的特殊组织成员，那么，华为则是深圳经济特区共同体内的自组织蝶变发展的企业代表。

1987年，华为技术有限公司诞生在深圳经济特区的一栋普通的居民楼内，是一家生产程控交换机（PBX）的香港公司的销售代理。1989 年，华为自主开发程控交换机。1991年9月，华为租下了深圳宝安县蚝业村工业大厦三楼作为研制程控交换机的场所，50多名年轻员工跟随任正非来到这栋破旧的厂房中，开始了他们充满艰险和未知的创业之路。

一、共同体思维：领导三力与核心理念

任何自组织的发展壮大，都离不开组织领导者的引领。领导者应该具有共同体思维。

华为有自己的“基本法”和“十六条军规”，其内核保持着东方以人性为本、自我竞争和勤劳奋斗的实干精神；也先后投入近300亿元人民币聘请美国国际商业机器公司（IBM）等30多家国际顾问公司，其外在管理框架体系最大限度地接近西方运营与管控系统，形成东西方文化融合的共同体组织管理体系。公司的股权拥有者全部为员工，董事长也是轮值，是真正意义上的“命运共同体”组织。

一个量子组织的领导者，必是领导三力的统一体，即价值观层面的“链接力”、技术认知层面的“创新力”以及行动层面的“涌现力”融合统一。在走访高校时所作的演讲中，任正非所讲的科学历史和前沿科技内容丰富，内容的深度和广度令人惊叹，体现出他对科学思维和基础研究的重视；任正非对员工的内部讲话文稿和新闻媒体专访，又体现出任正非对社会人性的思考与企业管理实践应用的知行合一；每到华为危急时刻，任正非就展现出非凡的决断力和凝聚人心的链接力。华为的发展不是偶然的，任正非作为华为的创始人，他所具有的开拓性的创新力、整体性的链

接力和不凡的涌现力对华为的发展起着决定性作用。

同样，无论是华为董事会的十几位成员，还是EMT（执行管理团队）七人领导小组都是在华为一线摸爬滚打中培育出来的，并始终充满激情和斗志，引领企业多次跃迁、蝶变发展。如1996年，人事管理大转型，并在三年后推出“华为基本法”形成组织共同体；2000年，组织结构大转型对接全球供应链共同体并开启全球合资合作；2010年，入选世界500强，是其中唯一一家未上市公司，并于同年推出华为智能手机，实现跨越式发展；2013年，构建全球财务风险控制中心以及全球首个以业务和用户体验为中心的敏捷网络架构，并最终形成三大业务板块；2018年初，发布新的愿景与使命。

这一切成就了华为独特的科学思维、核心价值观和战略驱动系统。正如华为企业标识所诠释的核心理念——聚焦、创新、稳健、和谐。这充分体现了华为将继续保持积极进取的精神，通过持续创新，支持客户实现网络转型，并不断推出有竞争力的业务；华为将更加国际化、职业化，更加聚焦客户，创造和谐商业环境以实现自身的稳定成长。

二、驱动力来源：促进差异与拥抱变化

在经典世界里，一切事物发展的自然倾向都是从井然有序逐步走向混乱无序并失去发展动力，最终灭亡。而量子组织的发展，始终是“无序与有序交互”。企业组织要保持发展动力，对内需要保持人员的活力，通过“搞活”制造差异；对外需要坚持系统的开放，通过“开放”拥抱客户和环境的变化。

人的创造力来自能量的不断积累、势能的不断增加，华为在公司内部始终保持一定梯度的能级差，职务工资多达22级，并不断拉开差距；同

时，在公司内部树立长期艰苦奋斗的理念，及时吐故纳新。以奋斗者为本，使奋斗者得到合理的股份回报并成为公司的拥有者，在利益价值分配的驱动机制下和自我欣赏中向着同一个目标前进，最终厚积薄发，激发出华为人的生命活力和创造力，从而得到持续发展的组织活力，由数千具有领导能力的中坚力量带动近20万人的队伍勇往直前。

耗散结构与共同体结构都是开放的系统，但不同于经典的独立耗散结构系统，量子共同体结构系统具有多层叠加效应。通过对外开放合作不断从外界吸引能量和技术，又通过内部自我加注能量的叠加和积累沉淀，构建内外能量和秩序的开放交互系统，形成技术研发、管理能力、人才资源等的势能储备和做功耗散的平衡态，实现组织的管理变革和持续发展。如任正非曾表示，华为员工出现安逸、发展有点迷茫，导致公司整体氛围有些懒散时，要感谢外部环境对华为的“断供”。通过拥抱变化，华为从安逸、均衡的“无序”状态重新进入“有序”的激发状态，又唤起了全体员工创新的激情和斗志。

华为的危机意识强，表现为自我竞争意识强。主动在内部制造“挑战”和“有序”并促进差异，能上能下，在实战中挑选精兵强将；不断地调整人员和组织，重新构建新的系统和组织，从不同角度发现新的问题，实现自我超越。

三、创造力来源：利益与技术共同体

华为的危机意识非常强，对整个共同体场中的任何躁动都能提前感知，并提前做出判断。为防范危机，华为面对客户和技术共同体市场，布防了两条具有敏捷关联的链接网，能及时传递前沿一线反馈的信息。华为分布在全球各地的前沿客户服务人员和科技工作者团队，每个人都具有量子全息感知、协同创造和应激处理能力，这些前沿工作人员日常都经历过高强度的、严格的轮岗和“游击队”或“突击队”的实践磨炼，作战灵活机动，随时可拆解为几千个小分队，又随时可聚合为一个拥有十几万大军的兵团。

华为以非上市股份合作制，构建价值利益共同体。创业初期，任正非就设计了一个“发展成果共享，风险共担”的虚拟制度。1990年，实施内部股权计划，华为对外坚决不上市，对内则实施了彻底的股份合作制。华为的股权和期权激励非常细致，将有贡献、有能力的员工最大限度地吸引到股东当中，员工持股比例超过99%，超8万员工持股，创办人任正非仅持股1.42%。任正非对此的解释是：（公众）股东总是很贪婪，希望尽可能快地榨干一家公司的每一滴利润，而华为没有上市，员工是公司的所有者，他们并不贪婪，会着眼长远，不会急于套现。在深圳经济特区，华为放弃了很多暴富的机会，没有炒地皮、投资房地产，更没有被一些短期投机能带来的利润所吸引，始终不断奋斗并攀越一座座行业高峰。因此，华为一直聚焦于通信领域，始终坚持华为的长期战略和目标，因为专注而具有极强的技术穿透力，就能站在世界的最高点。

华为在全球构建技术人才共同体。完全依靠自主创新很难成功，为什么不能拥抱这个世界，依靠全球创新？华为加强与全世界科学家的对话与合作，支持同方向科学家的研究，积极参加各种国际产业与标准组织。每年将销售收入的10%以上投入研发，每年的研发经费超100亿美元。在世界各地建立了几十个能力中心，聚集了一批世界级的优秀科学家，能全流程地引导公司，其自身也在不断发展。重视知识资本价值，围绕战略目标解决动力机制问题，都是以人力资本价值为核心，在这个基础上构建共创共享机制，真正形成全球利益共同体和人才技术共同体。华为在世界各地聘用了1.5万多名基础研究领域的科学家、6万多名应用型人才。内部不断进行技术积累，外部不断吸收更高创新能量，造就了华为“5G”等“元创新”技术产业的竞争力。

四、未来发展：技术与文化共同体

深圳和华为的蝶变，都离不开共同体的人文环境。作为改革开放的窗口，深圳是中国主动拥抱世界、主动融入世界、率先与国际接轨的先行者，共同体的践行者。依托毗邻港澳的地理区位，依靠社会主义市场经济的制度框架，深圳敢于自我竞争、善于合作，成为开放式创新的发源地、在自我竞争中成长的受益者。

华为是一家国际化的大公司，具有自我竞争、和谐合作和艰苦奋斗等东方核心文化基础，愿与合作伙伴和消费者共赢，而管理始终遵循国际规则体系，并力保全球价值链配置。作为一位长者和企业家，任正非却是一位不愿当“网红”、不乐于“叫喊打骂”，而只管“低头做事”，做有梦有爱的“无我”领航者。华为与任正非，东西方思维的融合体，称得上是量子组织和行业组织的量子领导者、技术共同体践行者。

在复杂、不确定的时代，过度资本化的市场和人类欲望的膨胀，加剧了精神意识与物质财富、社会人性与自然物性的分离，人们很难形成物质文明和精神文明相对均衡的共同体，一些人浮躁而又迷茫。深圳经济特区和华为技术有限公司依然年轻，深圳肩负着建设中国特色社会主义先行示范区的新使命；2018年初，华为发布新的愿景与使命：把数字世界带入每个人、每个家庭、每个组织，构建万物互联的智能世界。未来的发展，要始终把握价值创造和文化建设之间的相对均衡，需要相对长期的积累和沉淀过程，构建技术与文化融合发展的共同体组织还有很长一段路要走。

参考文献

[1] 陈平.代谢增长论：技术小波和文明兴衰[M]. 北京：北京大学出版社，2019.

[2] 陈有勇.互联网时代的企业组织转型研究[D]. 北京：中共中央党校，2016.

[3] 刘春凤，胡宝民，李子彪. 管理学理论形成和发展综述[J]. 商业时代，2007（32）：46-47.

[4] 埃德加·莫兰. 迷失的范式：人性研究[M]. 陈一壮，译. 北京：北京大学出版社，1999.

[5] 况阳. 绩效使能：超越OKR[M]. 北京：机械工业出版社，2019.

[6] 约翰·杜尔. 这就是OKR：让谷歌、亚马逊实现爆炸性增长的工作法[M]. 曹仰锋，王永贵，译. 北京：中信出版社，2018.

[7] 丹娜·左哈尔. 量子领导者——商业思维和实践的革命[M]. 杨壮，施诺，译. 北京：机械工业出版社，2018.

[8] 滕泰. 软价值——量子时代的财富创造新范式[M]. 北京：中信出版社，2017.

[9] 桂起权.量子力学哲学的新理解：对万小龙“量子哲学研究”的解读[J]. 山东科技大学学报，2005（2）：1-3，12.

[10] 戴天宇.经济学：范式革命[M]. 北京：清华大学出版社，2008.

[11] 鞠强.和谐管理：二元相对平衡管理哲学[M]. 上海：复旦大学出版社，2017.

[12] 席酉民，张晓军.从不确定性看管理研究逻辑及和谐管理理论的启示[J]. 管理学报，2010（1）：1-6.

［13］蒋虹.量子思维[M]. 北京：中国原子能出版社，2017.

［14］程民治.道家之“道”与粒子物理学[J]. 南通大学学报，2010（1）：10-14.

［15］钱学敏. 试论钱学森的科学观与方法论[J]. 民营经济，1996.

［16］武杰，李润珍，程守华.从无序到有序——非线性是系统结构有序化的动力之源[J]. 系统科学学报，2008（1）：13-18，24.

［17］李醒民. 科学哲学的论域、沿革和未来[N]. 光明日报，2004-11-16.

［18］苏勇，于保平. 东方管理研究：理论回顾与发展方向[J]. 管理学报，2009（12）：1578-1587.

［19］叶珊珊. 东西方管理哲学思想的差异[J]. 哲学研究，2005（1）：42-43.

［20］苏东水.21世纪东西方管理融合与发展的趋势——当代中国东方管理科学的创新与实践[J]. 上海管理科学，2008（5）：4-10.

［21］范英杰，刘天昊，赵春琳. 管理会计理论范式框架及其修正——基于我国文化情境的思考[J]. 财会通讯，2020（21）：159-162，167.

［22］斐渔. 创新谈：让规范与创新良性互动[N]. 人民日报，2019-03-25.

［23］张天波. 刍议“量子全息生态管理理论”——基于“量子化的信息复杂全息人”视角//第八届（2013）中国管理学年会——公共管理分会场论文集[C]. 中国管理现代化研究会，2013.

［24］库恩.科学革命的结构[M]. 金吾伦，胡新和，译. 北京：北京大学出版社，2003.

［25］张东风，陈登平，张东红. 卓越绩效管理范式研究：核心理论、技法与典范案例[M]. 北京：人民出版社，2008.

［26］保罗·尼文. 平衡计分卡实用指南——战略经营时代的管理系统[M]. 胡玉明等，译. 北京：中国财政经济出版社，2003.

［27］罗伯特·卡普兰，大卫·诺顿. 平衡计分卡：化战略为行动[M]. 刘骏勇，孙薇，译. 广州：广东经济出版社，2004.

［28］余新培，童善进.道天地将法：五维非财务指标体系的构建——来自《孙子兵法》的启示[J]. 会计之友，2018（8）：100-102.

［29］胡玉明.平衡计分卡：一种战略绩效评价理念[J]. 会计之友，2010（4）：4-11.

［30］刘明钢. 毛泽东谈中共一大：其作始也简，其将毕也必巨[N]. 学习时报，2019-07-01.

［31］欧阳胜雄. 基于复杂系统理论的家族企业组织演化研究[D]. 长沙：长沙理工大学，2005.

［32］陈春花，赵海然.共生——未来企业组织进化路径[M]. 北京：中信出版社，2018.

［33］深圳市卓越绩效管理促进会.美国波多里奇国家质量奖评定标准：卓越绩效准则（2015-2016）[S]，2015.

［34］于程鑫，海楠. 沙县小吃的成名之路[N]. 中华工商时报，2020-07-31.

［35］叶前，孙飞，詹奕嘉. 深圳为什么能？[J]. 瞭望，2020（34）.

［36］田涛. 从宇宙法则到组织建设的6个联想[N]. 公益时报，2018-06-26.

本书参考文献较多，谨向所有参考文献的作者、出版机构表示感谢。此外，书中引用的部分图文来源于网络，如涉及版权问题，请与作者联系，再次表示感谢。